T0153736

LA SAINTETÉ «DANS ET PAR LE SIÈCLE»

Gustave Thils

LA SAINTETÉ
«DANS ET PAR LE SIÈCLE»

Louvain-la-Neuve
1994

LIBRAIRIE PEETERS
GRAND-RUE 56
B-1348 LOUVAIN-LA-NEUVE

Dépôt en France
«LA PROCURE»
3, RUE DE MÉZIÈRES
75006 PARIS

FACULTÉ DE THÉOLOGIE
45 GRAND-PLACE
B-1348 LOUVAIN-LA-NEUVE

ISBN 90-6831-541-2
D. 1993/0602/92
ISBN 2-87723-088-0

AVANT-PROPOS

Le hasard d'une rencontre, d'une conversation à bâtons rompus, m'a amené à me demander si la vie «séculière» des fidèles laïcs était suffisamment appréciée dans les ouvrages de spiritualité chrétienne.

Au cours de cette conversation, une dame membre d'un groupe de prière me racontait combien elle avait admiré les novices d'une abbaye se livrer au dépoussiérage des sièges, à l'entretien du mobilier, à la propreté du sol. Quelle humilité, quelle modestie, quelle abnégation! Bref, un ensemble de vertus! Je lui dis alors: mais, madame, ne vous arrive-t-il jamais de prendre les poussières, de brosser les habits, de nettoyer la cuisine? Évidemment, répondit-elle! Cela va de soi! Quelle ménagère n'en fait pas autant? Bref, des activités sans grande signification.

Mon interlocutrice avait sans doute entendu dire que les novices apprenaient à faire de ces gestes humains et ordinaires des actes transfigurés spirituellement en «moyens de sanctification». Mais elle n'a même pas esquissé la moindre comparaison avec ses tâches à elle. C'était, disait-elle, mon «devoir d'état», que je dois «accomplir avec soin», pour «mériter le ciel». Mais la «sainteté»?

On peut deviner ce que semblable état d'esprit implique, et combien il nous interpelle à divers titres. D'où l'idée de présenter des échanges occasionnels sous la forme d'une conversation suivie, et en une ordonnance susceptible d'évoquer les points saillants de discussions amicales et sereines sur «la sainteté dans et par le siècle». Ce projet n'est-il pas aussi, par lui-même, un appel adressé à tout fidèle laïc, en vue d'une réflexion en profondeur et d'une mise en œuvre décidée? Alors cette «conversation» peut débuter...

Mais comment se fait-il que les laïcs soient si peu au courant de l'appel «universel» à la sainteté proclamé au Concile Vatican II par exemple?[1]

C'est que, au cours des siècles, une autre appréciation du monde laïc a été enseignée et longtemps maintenue. Gratien, un des grands maîtres canonistes catholiques du XIIe siècle, a écrit: il y a deux sortes de chrétiens. En latin: *duo sunt genera christianorum*. La première, qui est liée à la contemplation ou au culte, représente ceux que nous appelons aujourd'hui le clergé et les religieux. Mais, disait Gratien, «il y a une autre sorte de chrétiens, dont sont les laïcs... À ceux-là, il est permis (*licet*) de posséder des biens temporels, mais seulement pour les besoins de l'usage... Ils sont autorisés (*concessum est*) à se marier, cultiver la terre, dirimer les querelles par un jugement, à plaider, à déposer des offrandes sur l'autel, à payer les dîmes: ainsi peuvent-ils être sauvés, si toutefois ils évitent les vices et font le bien»[2]. Bref, ces laïcs n'ont guère de part dans le domaine de la contemplation ou du culte, il leur est en quelque sorte concédé de mener leur existence, et ils peuvent envisager d'être sauvés.

C'est un peu ce que pensaient nos grands-parents. «Me sanctifier, moi!... Je n'ai pas l'occasion d'aller tous les jours à la messe, et je n'ai pas l'habitude des longues et nombreuses prières»!

Mais les choses ont changé, heureusement! Le renouveau liturgique, l'action catholique, les nouveaux mouvements, sans oublier le deuxième Concile du Vatican, ont permis de fixer définitivement l'attitude théorique et pratique de l'ensemble de la communauté ecclésiale concernant le point qui nous intéresse ici: l'appel à la sainteté «dans et par» le siècle.

Vous avez fait allusion au Concile Vatican II et à l'«appel universel à la sainteté» lancé dans la constitution dogmatique «Lumen gentium». Pouvez-vous nous rappeler les termes de cet appel, d'un intérêt réellement considérable?

À Vatican II en effet, lorsqu'ils révisèrent le schéma primitif *De Ecclesia* — qui deviendra la constitution dogmatique *Lumen gentium* — les évêques estimèrent nécessaire d'appuyer un appel à la sanctification de tous les fidèles. Ils prirent comme point de départ de leurs orientations, non point l'état canonique de perfection, mais la sainteté réelle de la charité, la seule et unique sainteté.

Il n'y a qu'une seule et unique sainteté, précise *Lumen gentium*, 40. Le Seigneur Jésus, «Maître divin et modèle de toute perfection... a enseigné à tous et à chacun de ses disciples, quelle que soit leur condition, cette sainteté de vie dont il est à la fois l'initiateur et l'accomplissement... En tous, il a envoyé son Esprit pour les pousser intérieurement à aimer Dieu de tout leur cœur, de toute leur âme, de toute leur intelligence et de toutes leurs forces (cf. Marc 12,30), et aussi à s'aimer mutuellement comme le Christ les a aimés (cf. Jean 13,34; 15,12)».

Mais il faudrait lire tout le chapitre V de *Lumen gentium*, constitution approuvée par tous les Pères conciliaires (sauf cinq), et promulguée le 21 novembre 1964.

Ce changement est-il entièrement récent, ou se préparait-il déjà, depuis la Renaissance ou à quelle époque, de manière caractérisée?

Oui, à certains moments, les perspectives s'élargissaient. Vous avez sans doute entendu parler déjà de saint François de Sales, évêque d'Annecy-Genève, mort en 1622, et de son *Introduction à la vie dévote* – «la fleur de la perfection». Dans ce livre, il écrivait: c'est une erreur, «une hérésie, de vouloir bannir la vie dévote de la compagnie des soldats, de la boutique des artisans, de la cour des princes, du ménage des gens mariés... Où que nous soyons, nous pouvons et devons aspirer à la vie parfaite».[3]

En conclusion du troisième centenaire de la mort de saint François de Sales, Pie XI publia une encyclique en vue de rectifier certaines conceptions qui régnaient à cette époque, et notamment «un préjugé encore répandu de nos jours, à savoir que la véritable sainteté, conforme à l'enseignement de l'Église catholique, dépasse la portée des efforts humains et, à tous le moins, qu'elle est si difficile à atteindre qu'elle ne concerne en aucune façon le commun des fidèles». Et Pie XI concluait: «Une vie sainte n'est pas le don extraordinaire réservé à quelques personnes, alors que les autres s'en retournent les mains vides: la sainteté est le but général et le devoir commun pour tous».[4]

Pouvons-nous désormais aborder la réflexion sur le thème annoncé, la «sainteté dans et par le siècle»?

Oui, mais après avoir pris connaissance des positions doctrinales adoptées dans cette plaquette. En effet, le but de ces pages, les thèmes développés, ne conviendront pas à plus d'un lecteur.

Ainsi, il ne sera pas question *ici* de décrire et d'apprécier les moyens de sanctification d'ordre «religieux-ecclésial». Or, maints fidèles aujourd'hui désirent être instruits, surtout et avant tout, de ce qui concerne ces moyens.

De plus, comme il s'agit d'amorcer une meilleure mise en valeur des moyens de sanctification dits d'ordre «profane», «humain», la post-modernité — au sens de rationalité assagie et raisonnable — est acceptée d'emblée.

Enfin, le souci dominant de ce livre est de fournir les données d'ordre «théologique» qui sont en jeu. Or, l'on sait que ces explications détaillées et d'ordre théologique n'intéressent pas tous les lecteurs.

Après le Concile du Vatican II, vers les années 1965-1970, divers écrits ont amorcé une réflexion. Mais ce courant est passé.

Voici maintenant le plan général de cette plaquette: la «sainteté chrétienne» (chap. 1), «dans le siècle» (chap. 2), puis, «par le siècle» (chap. 3) et ce, «dans la perspective planétaire de l'action sanctificatrice universelle de notre Dieu» (chap. 4).

Ces pages reprennent des idées déjà exposées dans divers écrits et articles.

CHAPITRE PREMIER

LA SAINTETÉ CHRÉTIENNE

Alors, cette «sainteté, en quoi consiste-t-elle dans la tradition chrétienne?

On doit le prolamer sans hésiter: Dieu est Amour. Dieu est Charité. Jésus-Christ, avant de quitter ses apôtres, leur a rappelé le commandement par excellence du christianisme, la loi dite «nouvelle»: Tu aimeras le Seigneur ton Dieu de tout ton cœur, de toute ton âme et de toutes tes forces. Et le second est semblable au premier: Tu aimeras ton prochain dans l'amour de Dieu. Il n'y a qu'un seul commandement: vivre selon la charité. Celle-ci est l'amour même de Dieu, dans lequel la créature doit aimer Dieu son Père, et toute l'humanité.

Voilà le commandement *nouveau*. Non pas en ce sens qu'il instaurerait une nouveauté visible dans le monde. Certes, l'ère chrétienne, commencée à la naissance du Messie, inaugure une époque nouvelle et définitive dans l'histoire religieuse de l'humanité. Mais là n'est pas le sens théologique du terme «nouveau». Celui-ci signifie, en fin de compte, le commandement «chrétien par excellence». Nouveau, c'est-à-dire caractéristique de l'être «nouveau» qu'est le chrétien, après sa «renaissance» d'En-haut. Nouveau, c'est-à-dire caractéristique de l'Alliance et de l'Économie instaurées par le Christ, et dans lesquelles la vie de Dieu est communiquée aux personnes «renouvelées» par la grâce. Et Jésus continuait: «C'est à cet amour que l'on reconnaîtra que vous êtes mes disciples».

Le second commandement est semblable au premier. Tu aimeras le *prochain*. Le prochain, ce n'est pas seulement le frère de race, de profession, de religion. Mais c'est tout être humain. Le commandement est formel. Et le Christ a donné l'exemple le plus bouleversant de cet amour. Il aurait pu, théoriquement, assurer la rédemption du monde de diverses façons: il a choisi le dévouement total jusqu'à la mort sur la croix. Car le plus grand témoignage d'amour que l'on puisse donner, c'est de se livrer au bourreau pour ses amis. Il a aimé son Église et s'est livré pour elle, afin qu'elle soit belle et sans rides en présence de son Père. Il a aimé l'humanité entière et s'est livré à la mort de la Croix pour le salut de la multitude. En nous donnant ces exemples, le Christ a voulu nous indiquer la voie et nous enseigner le sens de la charité «chrétienne». Il a voulu que nous suivions son exemple, aussi loin que possible.[5]

Mais le chrétien qui désirerait vivement s'engager sur le chemin de la sainteté, ne devrait-il pas entrer dans une congrégation religieuse ou faire partie d'un groupe organisé de ce genre?

Nullement. L'appel à la sainteté est «universel», nous l'avons déjà dit. Dès lors, la sainteté présentera nécessairement de multiples visages, une expression réellement différenciée.[6] Comme les états de vie et les conditions d'existence sont très divers, l'unique sainteté revêtira des formes diverses, sans cesser d'être authentique. La Constitution *Lumen gentium*, 41, y insiste. «Dans les formes de vie et les charges différentes, c'est une seule sainteté que cultivent tous ceux que conduit l'Esprit de Dieu et qui, obéissant à la voix du Père et adorant Dieu le Père en esprit et en vérité, marchent à la suite du Christ pauvre, humble et chargé de sa croix, pour mériter de devenir participants de sa gloire. Chacun doit inlassablement avancer, selon ses propres responsabilités, dons et ressources, par la voie d'une foi vivante, génératrice d'espérance et qui agit par la charité».

Et après avoir évoqué dans cette mouvance les évêques, les prêtres, les autres clercs, les époux, les ouvriers, les malades, bref, tous ceux que les Pères conciliaires avaient demandé de mentionner pour montrer qu'ils n'oubliaient personne, *Lumen gentium*, 41, conclut. «Ainsi donc tous ceux qui croient au Christ iront en se sanctifiant toujours plus dans les conditions, les charges et les circonstances qui sont celles de leur vie, et grâce à elles (*et per illa omnia*), si cependant ils reçoivent avec foi toutes choses de la main du Père céleste et coopèrent (*cooperantur*) à l'accomplissement de la volonté de Dieu en faisant paraître aux yeux de tous, dans leur service temporel lui-même (*in ipso temporali servitio*), la charité avec laquelle Dieu a aimé le monde».[7]

Bref, chaque fidèle laïc, dans sa propre condition de vie, quelle qu'elle soit, est appelé à la sainteté, à condition qu'il accepte d'accomplir ce que celle-ci requiert.

Que requiert et comporte donc, fondamentalement, une vie «sainte»? Quelle en est ce qu'on pourrait appeler le cœur, l'essentiel?

On répond parfois à cette question par la formule «contemplation et action», et donc vie intérieure et activités terrestres. L'expression peut être explicitée de manière féconde, et des laïcs, des religieux aussi, peuvent l'adopter comme idéal de vie.

Toutefois, pour éviter quelques malentendus sur ce qu'on entend par «contemplation», je parlerai de 1) «vie intérieure théologale» (foi, espérance, charité) et 2) «vocation visible terrestre». Et celle-ci comporte deux domaines: a) «dans ce monde profane» (le siècle, l'humain) et b) «dans la communauté ecclésiale» (l'Église).

Voici, évoqué à nouveau, de manière simplifiée et en paraphrase, la formule qui sera appliquée tout au long de cette étude.

Pour le Christ, le «saint» est appelé à se réaliser selon les deux dimensions: la vie théologale et la vocation terrestre (religieuse et séculière). Il est appelé à mener cette existence jusqu'à terme, s'il entend être une personne «achevée», en Jésus-Christ. Telle est la vie «chrétienne», tout simplement. Cette vie est foncièrement «mystique», riche en intériorité d'une part, et elle est aussi authentiquement «terrestre», en sa composante «religieuse» et dans son expression «séculière», «du siècle».

Certains chrétiens ont quelque peine à accepter que la vie théologale est susceptible de croissance, d'épanouissement, et même de resplendissement. Les écrits des grands mystiques du christianisme permettent cependant de le constater. Or, tout chrétien porte au cœur cette vie théologale en germe.

Quant à la «vocation terrestre», elle désigne dans les pages qui suivent toutes les activités énumérées par la Constitution *Lumen gentium*, 34: «prières et entreprises apostoliques, vie conjugale et familiale, travail et loisirs». Oui, toutes ces activités — religieuses ou séculières — sont en effet susceptibles de devenir pour le chrétien des «offrandes spirituelles agréables à Dieu en Jésus-Christ».

Comment se déploie dès lors l'existence d'un chrétien qui s'efforce de mettre en œuvre les deux dimensions que requiert une vie sainte?

Pour répondre à cette question, l'on peut interroger saint François de Sales, dont les descriptions sont aimables et exigeantes à la fois. Dans le livre qu'il écrivit pour Philothée — c'est-à-dire pour tout fidèle désireux de progrès spirituel, et non seulement pour les clercs ou religieux —, il rappelle le comportement des enfants. «Faites comme les petits enfants qui, de l'une des mains se tiennent à leur père et de l'autre cueillent des fraises ou des mûres le long des haies. Car de même, amassant et maniant les biens de ce monde de l'une de vos mains, tenez toujours de l'autre la main du Père Céleste, vous retournant de temps en temps à lui, pour voir s'il a agréable votre ménage et vos occupations. Et gardez bien sur toute chose de quitter sa main et sa protection, pensant d'amasser ou de recueillir davantage; car s'il vous abandonne, vous ne ferez point de pas sans donner du nez en terre. Je veux dire, ma Philothée, que quand vous serez dans les affaires et occupations communes, qui ne requièrent pas une attention si forte et si pressante, vous regardiez plus Dieu que les affaires; et que quand les affaires sont de si grande importance qu'elles requièrent toute votre attention pour être bien faites, de temps en temps vous regarderez à Dieu, comme font ceux qui naviguent en mer...».[8]

Pour ce faire, explique I. Hausherr, il n'est pas nécessaire de mêler aux activités «profanes» diverses pensées «pieuses», pour arriver à une sorte de dédoublement d'attention perpétuel et violent. Il faut plutôt avoir un cœur bien disposé habituellement, une sorte de rectitude et de pureté intérieure. Ce qu'il faut donc, ce n'est pas une «pensée surajoutée à notre activité; c'est quelque chose qui pénètre, influence, dirige et détermine notre activité même». «Le secret de l'oraison perpétuelle ne consiste donc pas à *mêler* au travail une prière étrangère à son essence, mais à *le* transformer lui-même en prière, en ouvrant les yeux sur toute sa réalité présente et sur sa finalité véritable. C'est là, dit saint Basile, le seul moyen d'éviter la divagation et de faire l'unité en soi-même, comme c'est la seule manière de mettre d'accord deux injonctions du même apôtre: Priez sans interruption (I Thess. 5,17) et: Travaillez nuit et jour (II Thess. 3,8)».[9]

Serait-il possible de préciser quelque peu encore comment se présente une existence vécue au jour le jour selon ces deux dimensions?

Les spécialistes de la spiritualité chrétienne se sont efforcés de décrire, au mieux des possibilités, semblable existence. De ce qui suit, qui est un peu long, on retiendra comme particulièrement éclairante la comparaison établie avec l'amour d'une maman pour son enfant.

Pour éviter tout malentendu, ces auteurs rappellent toujours avec insistance que cette conjonction de la charité intérieure théologale avec son expression extérieure ne peut être «continue». Sauf charisme particulier, l'animation venant de la charité ne peut être en permanence «explicite». Mais il semble possible de tendre à une certaine animation diffuse des œuvres de la charité. Les auteurs spirituels prennent souvent comme exemple le comportement d'une mère qui soigne son enfant. Ces soins sont multiples, divers, variés. Ils peuvent requérir du temps, de l'attention. Mais ils sont toujours donnés dans une ambiance aimante, dans une mouvance affectueuse, dans une atmosphère de dilection, qui ont pour effet d'imprégner ces soins et de les transfigurer en gestes d'affection.

Cette présence dynamique de Dieu est extrêmement subtile, comme une lueur qui oriente sans conceptualisation, sans raisonnement, comme un stimulant global vers le don de soi.

Mais comment en arriver à cette atmosphère de dilection?[10]

Voici comment la théologie spirituelle s'exprime à ce sujet. Le point de départ est le suivant. La charité est l'expression centrale de la vie d'un chrétien; elle doit marquer toute l'existence d'un disciple du Christ. Aussi demande-t-on aux fidèles de la vivre parfois de manière *explicite*, en un acte de charité envers Dieu auquel on joint le prochain aimé comme Jésus-Christ l'a aimé. Cet acte de charité, explicité de temps en temps au cours de la journée, engage en quelque sorte tout le reste de notre existence, et donc les activités professionnelles, la vie familiale, les relations humaines, les loisirs, etc. Mais comment toutes ces activités demeurent-elles «sous l'influence» de la charité explicite, sans que l'on pense explicitement à Dieu? Et en quoi consiste cette «influence»?

Un exemple aide à le faire comprendre. «Que l'on songe à l'amour qu'éprouve une mère pour son enfant malade. Quoi que fasse la mère, même dans les actions qui ne se rapportent pas à l'enfant, celui-ci reste cependant présent en quelque sorte dans son for intime; et cette tendance implicite colore, imbibe tout ce que fait la mère» (p. 170). Il en va de même pour la charité qui «anime» l'existence chrétienne. S'exprimant de manière plus abstraite, la théologie spirituelle dira que la conscience confuse, subtile mais expérimentale de Dieu persiste dans la charité *implicite*, mais sans que Dieu soit «perçu», «connu» ou «présent» comme il peut l'être dans l'acte explicite de charité.

Cette charité «implicite» est décrite de manières diverses par les grands spirituels du christianisme: ce qui nous montre notamment que chacun peut en faire l'expérience «à sa façon», pourrait-on dire, et non pas seulement selon «une seule et unique façon» qui serait la seule bonne. «Les auteurs spirituels ont à maintes reprises noté cette conscience de Dieu, qui n'est pas propre aux seuls mystiques, mais qui est impliquée, au moins d'une manière non perçue, dans tout acte surnaturel. Ils ont noté que, de quelque façon, elle marque l'action, lui fournit une certaine lumière, une certaine force, et en fait ainsi une action accomplie 'en Dieu', non seulement ontologiquement [à savoir du fait qu'on est en état de grâce], mais consciemment. Ils parlent d'une 'intention simple' ou 'intention pure', entendue comme une force réelle, imprégnant toute l'activité de l'homme, transparente par elle-même, comprenant les trois vertus théologales, orientant vers Dieu et percevant Dieu (J. Ruysbroeck). Ils parlent d'une 'prière virtuelle', emportée comme un 'reste' de la prière formelle, et qui poursuit la 'fête du Seigneur' au cours de l'action (L. de Grandmaison). Ils parlent de l'«esprit de foi» entendu comme une réelle illumination intérieure de toute l'activité par le monde surnaturel, et comme une orientation réelle de toute l'activité vers Dieu» (p. 171). Chaque chrétien pourra trouver l'une ou l'autre de ces formules comme convenant bien ou mieux à sa propre existence spirituelle.

Mais ne va-t-on pas bientôt et rapidement négliger ou mésestimer les démarches «humaines», en ce qu'elles ont de valable, de bon, «en propre»?

Que non! D'entrée de jeu, il doit être bien entendu que les œuvres et démarches «humaines» jouissent, en elles-mêmes, d'une consistance propre, d'une vérité propre, d'une excellence propre. «C'est en vertu de la création même que toutes choses sont établies selon leur consistance, leur vérité et leur excellence propres, avec leur ordonnance et leurs lois spécifiques», déclare la constitution *Gaudium et spes*, n. 36, du Concile Vatican II.

De plus — et ceci appelle une particulière attention — s'il importe de référer à Dieu toutes les œuvres et démarches de notre existence, il ne faut pas oublier de se préoccuper de *la qualité de ce qui est* ainsi référé au Seigneur. Il faut que ces œuvres jouissent, *en elles-mêmes*, d'une bonne qualité, d'une authentique valeur. Présenter au Seigneur notre existence, notre travail, nos démarches «sur la patène» en vue de l'Offrande eucharistique constitue certes une action religieuse et ecclésiale excellente. Encore faut-il que cette existence soit «en elle-même» une louange, que ce travail soit «en lui-même» un hommage, que ces démarches soient «en elles-mêmes» un culte. Lorsqu'on présente des outils de travail au cours de l'Offertoire, ne faut-il pas que, pour être pleinement une offrande sérieuse, ces outils soient «bons» et que les couteaux «coupent». Les théologiens médiévaux distinguaient une *glorification ontologique* de Dieu et une *glorification formelle*. Par glorification ontologique, ils entendaient celle qui est incluse dans la perfection *propre* d'un être et de son activité par rapport à sa finalité immédiate («couper» quand il s'agit d'un couteau). Sans cette condition, un acte de glorification formelle et explicite, tout en vérifiant un aspect cultuel ou liturgique valable, peut se révéler partiellement creux, illusoire, apparent: le contenu existentiel et séculier de semblable louange n'est pas «consistant».

Les théologiens médiévaux disaient, en ce sens: il ne peut y avoir de bonne (*debita*) relation avec la Fin *ultime* qu'en passant par la fin *immédiate* requise en chaque démarche humaine; et cette fin immédiate, par laquelle une démarche humaine est orientée ou «ordonnée» à la Fin ultime, c'est cette activité elle-même, et quand celle-ci est parfaite.[11] Voilà un niveau de culte foncier, universel, religieux *ou* séculier d'après les exigences de chaque démarche concrète de notre existence.

Mais c'est très grave, ce que vous venez de me dire! Si je comprends bien, pour m'établir en bonne relation avec ma Fin dernière — j'interprète: vie théologale — il faut que mon activité terrestre (séculière et aussi religieuse) soit accomplie de manière «parfaite»!

C'est là un idéal, bien sûr! Mais vous avez très bien compris. Et quoi de plus normal? Si la sainteté implique une «vie théologale» qui soit «de qualité», cette sainteté requiert également que l'activité terrestre (séculière ou religieuse) que l'on veut référer à Dieu, notre Fin dernière, soit elle aussi «de qualité»! Ainsi, la valeur de toutes nos activités terrestres (religieuses mais aussi séculières) se trouve située à son juste niveau.

Nos activités religieuses (prières, liturgie, apostolat, etc.) doivent être «de qualité», par l'attention, le recueillement, l'expression, l'organisation, etc. Sinon, notre offrande, tout en étant «spirituelle» au sens plénier du terme, demeure néanmoins plutôt médiocre, dans son intention de louange de Dieu comme dans sa fécondité sanctifiante pour nous. Et c'est d'ailleurs pour ce motif que les pasteurs invitent régulièrement les fidèles à la ferveur, à l'attention, à la préparation intérieure, à la conversion du cœur...

Pour reprendre le vocabulaire des théologiens médiévaux, il faut que notre «glorification formelle» ne soit pas appauvrie, dévalorisée, par la qualité médiocre de notre «glorification ontologique». C'est que, en effet, la «vérité chrétienne» de toute glorification formelle est, dans une large mesure, liée à la «vérité chrétienne» de l'ensemble de notre existence, et donc de la qualité de toutes nos activités, tant séculières que religieuses.

Le raisonnement est semblable en ce qui concerne toutes les activités «séculières». À savoir: la famille, la profession, le travail et les loisirs, l'engagement socio-culturel ou économico-politique. Le candidat à la sainteté se doit de les accomplir aussi parfaitement que possible, pour en faire une matière «de qualité» en vue de leur offrande «spirituelle».

Or, l'art d'être conjoint, parent, dirigeant, ouvrier, engagé politique, etc. suppose de très nombreuses qualités d'intelligence, d'esprit, d'imagination, de cœur. Et ces qualités ne sont pas innées! Bref, tout comme la dimension «vie théologale» de la sainteté, la dimension «activités terrestres» représente une authentique valeur et requiert un vigoureux travail de perfectionnement.

Un court exemple. Les loisirs. Ils représentent pour la spiritualité chrétienne un domaine très développé. Nous allons, a-t-on dit, vers une civilisation des loisirs. Or, les loisirs ont parfois été considérés comme une période «creuse», que l'on devait meubler par des actes de «piété», tout en évitant les péchés causés surtout par l'«oisiveté», mère de tous les vices. Il y a cependant plus et mieux à faire. Qu'il s'agisse des loisirs-repos (car le travail appelle la détente et la diversion) ou qu'il s'agisse des loisirs-culture (car le temps libre accordé actuellement permet le repos indispensable à l'équilibre et aussi à l'épanouissement humain culturel sous toutes ses formes), la spiritualité chrétienne doit leur donner une signification et, sans escamoter leur valeur humaine propre, leur fixer une finalité supérieure de sainteté.

Il faut, pour cela, que les loisirs — comme le travail et les autres occupations — soient «ordonnés» à Dieu par la charité.

«Ordonnés» à Dieu, cela ne signifie pas qu'aux loisirs il faut substituer un acte de piété, ni que ces loisirs doivent devenir ennuyeux. Au contraire, ils doivent être réellement «loisirs», et répondre à toutes les exigences de la diversion ou de l'épanouissement qu'on en attend, tout en demeurant foncièrement sous l'emprise de l'Esprit, en vertu d'une orientation ranimée de temps à autre de façon explicite, comme il a été expliqué ci-dessus à propos de la «vie théologale».

En invitant comme vous le faites à référer «toute» l'existence au Seigneur, vous paraissez engager une conception neuve du binôme temporel-spirituel. Est-ce une impression, ou est-ce bien cela? Et est-ce si important?

Vous avez pleinement raison de poser la question. Le binôme «temporel-spirituel» a reçu au cours des siècles, dans l'enseignement ecclésiastique lui même, deux interprétations différentes, avec des conséquences concrètes considérables. Et ce qui est dit de la sainteté dans cette plaquette est lié à l'une d'elles, l'interprétation biblique, radicalement «chrétienne».

Voici d'abord la signification du binôme «temporel-spirituel» dans le monde ecclésiastique du moyen âge, ainsi que l'explique le P. G. Martelet.[12]. «Le moyen âge occidental, de Hugues de Saint-Victor a Cajetan en passant par saint Thomas lui-même, a toujours accepté de réfléchir sur les rapports du spirituel et du temporel à partir des rapports de l'âme et du corps: il en a invariablement conclu à la dépendance du temporel en regard du spirituel. Pour établir une juste conception des choses, le cardinal Humbert rappelle que '*sacerdotium in praesenti Ecclesia assimilari animae, regnum autem corpori*'. D'où il conclut: '*Sicut praeeminet anima et praecipit corpori, sic sacerdotalis dignitas regali, ut puta coelestis terrestri.* Les théocrates du XIVe siècle ne feront que développer sur le plan théologico-politique les conséquences qu'une expression aussi anthropomorphique de l'hégémonie de l'âme sur le corps rendait plausibles. Ainsi Gilles de Rome n'hésitera pas à parler d'un *jus* de l'âme sur le corps et d'un *debitum* du corps envers l'âme. Comment pareille lecture symbolique du composé humain n'aurait-elle pas renforcé ce que l'époque véhiculait déjà de tentation théocratique ou du moins cléricale?» (p. 528).

Et il y a subordination du temporel au spirituel, selon la doctrine médiévale des deux «pouvoirs». «En signe des choses spirituelles, disait par exemple Innocent III, le Christ me donna la mitre, et en signe des choses temporelles, la tiare: la mitre comme pape, la tiare comme roi» (p. 519). Telle était la structure de la chrétienté: les synthèses des deux pouvoirs sont diverses, mais la juridiction temporelle est subalternée au pouvoir spirituel.

En ce XXe siècle, et de manière décidée au Concile Vatican II, le terme «spirituel» est compris en son sens biblique fondamental, à savoir: «dans et selon l'Esprit», «in Spiritu Sancto».

Dans les Écritudes, le terme «spirituel» vise celui qui est sous l'influence de l'Esprit (Col. 1,9), celui en l'âme duquel l'Esprit habite (1 Cor. 2,12), celui dont le corps est animé par l'Esprit (1 Cor. 15,44), celui dont les œuvres sont vivifiées par l'Esprit (1 Cor.2,13), celui dont la prière est balbutiée en lui par l'Esprit (Eph. 5,19). Le terme «spirituel» est donc à prendre au sens profondément réaliste de la révélation: «dans et selon l'Esprit».

Dès lors, précise la Constitution *Lumen gentium*, 34, en parlant des laïcs et de leur «sacerdoce commun»: «Toutes leurs activités, leurs prières et leurs entreprises apostoliques, leur vie conjugale et familiale, leurs travaux quotidiens, leurs détentes d'esprit et de corps, s'ils sont vécus dans l'Esprit de Dieu — et même les épreuves de la vie, pourvu qu'elles soient patiemment supportées — tout cela devient 'offrandes spirituelles, agréables à Dieu par Jésus-Christ' (1 Pierre 2,5); et dans la célébration eucharistique, ces offrandes rejoignent l'oblation du Corps du Seigneur pour être offertes en toute piété au Père».

On le voit: toute l'existence de tous les fidèles, quel que soit leur état de vie, quelle que soit leur condition de vie, peut et devrait être vécue «*in Spiritu Sancto*», à savoir «dans et selon l'Esprit». Naguère, les chrétiens disaient: «être en état de grâce sanctifiante».

Bref, ce n'est plus le temporel face au spirituel et subordonné au spirituel, mais la totalité du temporel est vécu «dans et selon l'Esprit».

On perçoit l'importance de cette mise au point doctrinale, et ce qui en résulte pour la sainteté dans et par le siècle: *tout* le temporel peut devenir «spirituel», vécu «dans et selon l'Esprit».

CHAPITRE DEUXIÈME

LA SAINTETÉ «DANS LE SIÈCLE»

Nous parvenons ici au cœur du «siècle» et au visage de celui-ci en notre temps, à savoir: la «modernité» et la «post-modernité». Est-ce bien ainsi que vous envisagez ce qui suit?

Certainement! Et comme la spiritualité «dans le siècle» implique inéluctablement une appréciation — favorable ou défavorable — de cette modernité et de la post-modernité, il est indispensable de les envisager d'abord et de se prononcer à leur sujet.

«Post-moderne» se dit face à «moderne». Mais que désigne-t-on par modernité dans ce cas précis, et que vise le préfixe «post» dans cette expression?

J. Baudrillard, dans un article sur la *Modernité*,[13] distingue trois plans majeurs: technico-économique, juridico-politique, philosophico-psychologique.

La modernité est considérée ici comme une des configurations historiques prédominantes du processus d'hominisation et d'humanisation qui dynamise le devenir du monde depuis les origines. Cette modernité est celle qui culmina au Siècle des Lumières, âge de la rationalité culturelle et sociale en pleine expansion, soutenue par un imaginaire de progrès indéfini et de prouesses d'ordre scientifico-technique illimitées. Cette modernité est l'idéologie «dominante»: elle marque les doctrines, la vie publique, les institutions, les mouvements. Dominante, mais non intégrale. Les vagues de fond rationalistes n'empêchent pas les «gens» de continuer à apprécier aussi d'autres valeurs, à s'appuyer sur certaines traditions religieuses, à se distraire selon leurs coutumes, à vivre leur existence quotidienne selon leurs goûts et leurs usages. Bien que subsidiaires, ces courants n'ont pas manqué de quelque efficacité; ils sont même l'objet d'analyses sociologiques et de considérations philosophiques.

Compte tenu du devenir plutôt tumultueux et divers de l'histoire, une situation «post-moderne» pouvait être attendue et devait naître et se manifester quelque jour. L'aurore de ce jour s'est levée, semble-t-il, si l'on s'en réfère aux appels à une science «assagie», à une rationalité «raisonnable», à une vie sociale «dotée de repères». Le préfixe «post» sera, de fait, interprété en fonction des analyses, des conceptions, des options.

Et que penser de cette situation «post-moderne»? Comment est-elle perçue et appréciée par les chrétiens?

En réalité, les chrétiens la jugent de manière très diverse. Et c'est précisément sur la base d'un certain jugement que la sainteté «dans et par le siècle» peut être mise en question. Il importe donc de dire, en bref, ce qu'il en est, d'abord, chez ceux qui sont réticents.

Chez certains, le rejet de la modernité est total. Le siècle des Lumières, disent-ils, est la source et l'appui doctrinal de tous les maux dont souffre la société. Ces maux, comparés à l'occasion à des maladies, sont reconnus par tous, y compris par les progressistes. Il faut donc les déraciner, les «désoucher». Parmi les chrétiens, les traditionalistes et les intégristes clament le plus vigoureusement leur refus de la modernité. Pour eux, le Concile Vatican II — tout particulièrement par la constitution *Gaudium et spes*, et surtout par la Déclaration *Dignitatis humanae* sur la liberté religieuse — a entériné et même accordé un fondement à cette modernité. Le cardinal J. Ratzinger, disent-ils aussi, en a perçu et stigmatisé les séquelles désastreuses, mais, au lieu de reconnaître les errements de Vatican II, il en attribue les conséquences néfastes à l'influence de la culture ambiante ainsi qu'à une interprétation inexacte des documents conciliaires. La situation morale de ces chrétiens est d'autant plus pénible que, sur la base de la doctrine du Syllabus de 1864 et des encycliques de Pie IX considérées par eux comme étant *de fide*, ils sont parfois amenés à suspecter d'hérésie le Concile Vatican II et Paul VI lui-même, qui en ordonna la promulgation.[14]

D'autres chrétiens sont plus ou moins opposés à la modernité ambiante, du fait qu'ils en perçoivent surtout les lacunes, les erreurs, les conséquences ambiguës. Leur attitude de défiance est liée d'abord à l'«analyse» qu'ils font de la situation actuelle; et celle-ci constitue de fait un spectacle d'une réelle complexité. Elle est liée aussi au «critère» qui est mis en œuvre pour juger ce qui est chrétien et ce qui ne l'est pas; et ceci demanderait une discussion en profondeur. Elle est liée encore et sous-tendue par une référence à une époque meilleure, — notamment le moyen âge, ou le cadre d'une existence rurale — bref à un imaginaire de situation estimée «chrétienne»; ce qui devrait également être soumis à un examen critique. Quoi qu'il en soit, c'est la réticence qui règne vis-à-vis de mainte forme de «rationalité», de «sécularité», que ce soit en exégèse biblique, en dogmatique, en éthique, en liturgie. Tous ces éléments devraient être soumis à un relevé sérieux, à une analyse détaillée, à une discussion bien menée. Et sur la base de toutes les «ambivalences» des réalisations «modernes» et «séculières».

Jusqu'ici, les appréciations sont plutôt négatives! Et elles renvoient souvent à des temps anciens, estimés meilleurs, plus chrétiens. Ces chrétiens n'ont-ils pas raison?

Raison? Je n'en suis pas convaincu. Des temps «meilleurs», plus «chrétiens»? Il faudrait se renseigner!

On pourrait parcourir, à la recherche de ces périodes heureuses, les 26 volumes de l'Histoire de l'Église, fondée par A. Fliche et V. Martin.[15] Au cours du haut Moyen âge, fréquentes sont les allusions aux instructions visant la discipline des clercs, l'usurpation des biens d'Église, les pratiques païennes et superstitieuses. L'Europe que saint Boniface parcourut au VIIIᵉ siècle était-elle, à ses yeux, un monde christianisé? Par ailleurs, qui oserait préférer l'Europe chrétienne du Xᵉ siècle à l'Europe «déchristianisée» de notre temps? Avant la réforme de Cluny, écrit un historien, trop de moines étaient devenus mondains, mais «la pratique de la vie

régulière n'avait pas complètement disparu» (T.7,319). Que
devait-il en être dans les villes et les campagnes? Au XIᵉ siècle,
Grégoire VII écrit à Hugues de Cluny «L'Église d'Orient, sous
l'inspiration du démon, abandonne la foi catholique et à travers
ses membres, l'antique ennemi exerce ses ravages... Si maintenant
par les yeux de l'esprit je porte mes regards vers l'Occident, vers
le midi ou vers le nord, c'est à peine si je trouve quelques évêques
dont l'élection et la vie soient régulières, qui dans le gouvernement du peuple chrétien soient guidés par l'amour du Christ et
non par l'ambition temporelle. Parmi les princes séculiers, je n'en
connais point qui préfèrent l'honneur de Dieu au leur et la justice
au lucre. Quant à ceux au milieu desquels je vis, Romains,
Lombards et Normands, ils sont pires que les Juifs et les païens»
(T.8,75). Le «petit peuple» serait-il seul à être meilleur? Au XIIᵉ
siècle, c'est plus spécialement le luxe, les honneurs, l'orgueil des
pasteurs que stigmatise saint Bernard (T.9,29).

L'époque du Grand Schisme (1378-1417) et de la crise conciliaire était-elle une image de la communion fraternelle du
Peuple de Dieu? En tout cas, il était question, de plus en plus,
de «réforme». Adrien VI, qui fut pape du 9 janvier 1522 au 14
septembre 1523, dans sa brève activité réformatrice, nous a
laissé une image sombre de la situation très pénible de l'Église
de Rome, situation qu'il considérait comme la racine des
désordres menaçant toute la «chrétienté».[16] Le *Consilium* créé
par le Pape Paul III (1534-1549) *de emendanda ecclesia* énu-
mère une série d'abus disciplinaires dans l'institution des minis-
tères, dans le gouvernement des églises, dans les concessions et
les dispenses. Au début du Concile de Trente, le cardinal
Reginald Pole, un des trois légats du Pape, rédigea une
Admonitio adressée aux Pères du Concile, qui est de la même
veine que le projet d'Adrien VI.

Tout ceci ne conduit pas à estimer que les temps modernes
sont les temps les meilleurs, mais à respecter la vérité historique
sur la qualité «chrétienne» des populations européennes
des temps «pré-modernes» aussi bien que celles de notre
époque.

Mais il y a également, sans doute, des appréciations favorables? Et je suppose que vous vous situez du côté des chrétiens qui sont «raisonnablement optimistes»?

Assurément!

Ne serait-il pas préférable que les chrétiens acceptent d'être les acteurs d'une modernité dynamique et inventive, dans la mouvance millénaire du vaste processus d'hominisation et d'humanisation qui nous a conduits de l'âge des préhominiens et des cavernes à l'époque qui est la nôtre? Ne serait-ce pas, en fin de compte, plus «raisonnable» et plus «chrétien»? Mais à condition, bien sûr, d'y apporter les réserves déjà exprimées: ne pas débrider cette modernité et la laisser foncer jusqu'au bout de sa logique propre, débarrassée de tout lien avec la sagesse humaine et la sagesse chrétienne. À condition aussi de répondre à d'excellentes suggestions qui apparaissaient déjà au cœur des griefs qui vont être évoqués: les examiner, les préciser, leur donner une réponse. Et à condition, par ailleurs, de reconnaître, étudier, intégrer et mettre en œuvre les bénéfices nombreux et incontestables que le monde actuel a retirés des progrès enregistrés en de multiples domaines de la civilisation des temps modernes. Alors, cette «post-modernité» sera une sécularité, certes, mais une sécularité «dynamique» et «assagie».

D'ailleurs, on peut déjà constater que de très nombreux chrétiens, à la mesure de leur foi et de leur espérance, apprécient et vivent une sécularité active, dynamique, inventive. De nos jours, les orientations données par le Concile du Vatican II en ce sens sont largement répandues, et les laïcs les plus engagés, en grand nombre, les reconnaissent fermement dans ce qu'elles ont d'essentiel et de fondamental. La défense et la promotion des droits de l'homme sont reçues et considérées comme une «requête de l'Évangile» devant occuper une «place centrale» dans le ministère de l'Église (Synode romain de 1974). Les appels en vue de la libération de toutes les oppressions culturelles, sociales, politiques sont entendus, accueillis assez généralement, et ils suscitent des engagements personnels de qualité dans la plupart des régions. Les *Tables* des revues de documentation chrétienne montrent, et de manière assez significative, que depuis un demi-siècle, les articles: armement nucléaire, bioéthique, chômage, culture, développement, droits de l'homme, éducation, faim, guerre, justice, paix, pauvreté, terrorisme etc. sont de plus en plus copieusement fournis. Les progrès scientifico-techniques sont suivis avec attention, parfois avec passion même si les problèmes éthiques liés à telle ou telle application touchant la sexualité sont l'objet de discussions, voire de dissentiment. Et l'on peut dire, avec Jean-Claude Eslin, Olivier Mongin et Jean-Louis Schlegel: «De toute façon, l'équivalence: religion = passé révolu, modernité = irreligion éclairée, paraît de plus en plus obsolète».[17]

Ce qui est reconnu aux «bonnes» efflorescences du baroque ou du romantisme ne pourrait-il l'être en faveur des «bonnes» efflorescences de la modernité? Celle-ci — caractérisée par les termes raison, science, technique, progrès — serait-elle intrinsèquement mauvaise? Ce n'est pas l'avis de ceux qui ont voyagé et vu de près les autres continents. L'un d'entre eux, revenu au pays, et mis au courant de nos problèmes et de nos récriminations, répliquait: mais vous vivez ici en pays de cocagne! Ouvrez les yeux, et voyez les «progrès» dont vous jouissez vingt-quatre heures sur vingt-quatre grâce à la raison, à la science, à la technique des temps modernes. Et, pêle-mêle, il énumérait: la distribution d'eau potable, les sources de lumière et de chaleur, l'habitat et le vêtement, l'hygiène générale, les infrastructures, un minimum vital garanti à tous, les mutualités et les hôpitaux, les moyens de communication, l'alphabétisation et l'enseignement généralisés, les multiples médias, l'accession aux moyens de culture, le travail, les allocations de chômage, les congés payés, la défense des libertés civiles, le respect de la vie privée, la liberté de conscience et de culte, la liberté d'opinion et d'expression, la liberté de réunion et d'association, l'idéal des droits humains, l'esprit de démocratie politique, etc... Ces valeurs, imparfaites sans doute comme toutes les réalités humaines, sont en une certaine mesure, souvent assez importante, des fruits de la modernité scientifico-technique, philosophico-culturelle, économico-politique. Et Dieu serait «absent» de tout cela?

Non, Dieu n'est pas absent; mais nous avons des œillères.

Mais alors, que faites-vous de la «sécularisation»? N'est-elle pas la source de la régression religieuse, de la dérive morale, de l'indifférentisme?

Oui, parlons-en, en effet, afin d'en percevoir la réalité profonde et les multiples aspects.

L'ensemble du phénomène appelé sécularisation a fait l'objet de diverses études. Ci-après, nous nous inspirons de la systématisation très dense que propose M.F.-A. Isambert dans l'*Encyclopaedia Universalis*.[18] D'après lui, ce phénomène comporte une double mutation au cœur de la Société ainsi que dans les Religions.

Dans la Société, sécularisation signifie d'abord un «recul global des Religions». Une civilisation imprégnée de l'esprit des Lumières, dominée par la science et la technologie, semble peu compatible, peu en harmonie, avec tout ce que représentent les religions quelles qu'elles soient. Ce processus de sécularisation revêtira en réalité des formes diverses et connaîtra des poussées variées: d'après le genre de «modernité» qui fermente en telle ou telle région, et aussi d'après le genre de «religion» affectée par le changement.

Par rapport à la Société, sécularisation signifie aussi une reconnaissance de droit et de fait de «l'autonomie des réalités séculières», à savoir: la raison, la liberté, la science, la vie politique, la technique, la morale. Auparavant, tous ces domaines ont été, sous diverses formes, affectés d'un coefficient «religieux»: révélation divine, tutelle des Églises, autorités religieuses, savoir théologique. En Europe, et en Occident, ce processus a été opéré en une certaine antithèse avec ce que fut — en réalité ou dans l'imaginaire — la «chrétienté». L'époque des Lumières, la révolution française, la société industrielle, d'autres facteurs encore, ont suscité, accompagné, animé cette émergence progressive (ou cette libération progressive) de la raison, de la liberté, de l'État, de la science, de la morale.

L'esquisse est globale, mais chacun pourra lui apporter des précisions.

Pour F.-A. Isambert, la sécularisation représente également une mutation au cœur des Religions elles-mêmes. Tôt ou tard, en effet, les réalités séculières pénètrent les Religions. Entre les institutions religieuses de tout ordre et les sociétés civiles de tout régime se produit inéluctablement une certaine osmose dans les idées, les structures, les personnes appartenant à l'un et l'autre secteurs. Appliqué au christianisme, ce «recul des Religions» signifierait donc une «déchristianisation».

Mais sait-on ce que le Pape Jean-Paul II pense du phénomène de la sécularisation?

Dans le Discours qu'il adressa aux participants du VIème Symposium du Conseil des Conférences épiscopales d'Europe (CCEE), en octobre 1985, le Pape fit appel à la prudence et au discernement. Au cours de ce Symposium, il avait été fréquemment question de la sécularisation. de ses conséquences, de son emprise. Le Pape alors leur dit: «Les travaux du Symposium ont cherché, avant tout, dans un esprit de réflexion et de sérénité, à comprendre l'Europe d'aujourd'hui avec toute sa réalité vivante et articulée. Dans votre réflexion, vous avez commencé par examiner cette réalité typiquement occidentale que l'on a coutume de définir par le concept de 'sécularisation'. Une analyse approfondie a fait ressortir l'ambiguïté et même le caractère équivoque du terme, tellement polysémique, imprécis et élastique qu'il recouvre des phénonèmes multiples et même opposés, de sorte qu'il semble nécessaire d'opérer une décantation sémantique et de clarifier le contenu de ce phénomène»[19]. Une lecture des discours et déclarations de ce Synode aidera donc à éviter des généralisations ou des condamnations discutables.

Mais peut-on demeurer optimiste lorsqu'on assiste au fait actuel de la «déchristianisation»? Les statistiques en parlent régulièrement: nombre de pratiquants, rareté des vocations!

Certes, le fait est là, réel. Mais si l'on désire éviter les flous et les malentendus dans son interprétation, il est indispensable, ici également, de l'examiner d'une manière quelque peu systématique.

H. Desroche, dans l'*Encyclopaedia Universalis*, propose un certain classement en cinq points, qui permet de débrouiller quelque peu la polysémie de ce concept[20]. Les cinq significations majeures du phénomène sont les suivantes. — 1. La «récession de la pratique religieuse»: fixée à partir de la sociographie des comportements religieux considérés dans les diverses Églises chrétiennes. — 2. La «décléricalisation»: ou toutes les formes de récession de l'emprise du clergé sur la vie et la pratique chrétiennes. — 3. La «déconfessionnalisation»: cette fois, il s'agit de la récession du contrôle confessionnel sur la vie socio-politique des chrétiens. — 4. La «désacralisation»: à savoir l'effacement du sacré dans de multiples gestes, rôles ou actions qui étaient assurés naguère d'une ambiance sacrale de «mystère». — 5. La «désaxiologisation»: c'est le recul des valeurs, normes, modèles du christianisme dans la vie, dans la pensée, dans les coutumes. Chacun pourra apporter à l'appui de ces cinq secteurs des faits, des analyses, des études.

Mais comment interpréter pleinement chacun de ces cinq points? C'est ici que des aspects positifs peuvent accompagner des aspects négatifs. Concernant les cinq signes majeurs de «déchristianisation» qu'il signalait, H. Desroche lui-même faisait diverses observations. À propos de la «récession de la pratique religieuse»: «Est-ce une vie sociale qui cesse de devenir religieuse pour devenir indifférente? Ou bien est-ce une vie religieuse qui, cessant d'être un conformisme social, s'ouvre à la possibilité de devenir une conviction personnelle? Les deux hypothèses ont été proposées» (p. 359). — Concernant la «décléricalisation»: «Là aussi, selon les diagnostics, le processus peut être interprété tantôt dans le sens d'une déchristianisation pure et simple... et tantôt au contraire comme l'appel d'un christianisme mal formé à un christianisme mieux formé» (p. 359). — Il en va de même pour la «déconfessionnalisation»: «Cette forme de déchristianisation sera considérée par les uns comme un démantèlement de l'efficacité' chrétienne, une désaffection pour des appareils à travers lesquels le christianisme exerçait son règne, un dépérissement de la religion du Christ-Roi. D'autres, au contraire, voient dans cette redistribution — y compris dans ses intentions déconfessionnalisantes — les prodromes d'un œcuménisme de l'action et de la vie, terrain et terreau dans lequel le grain chrétien devrait dépérir et disparaître pour porter du fruit» (p. 359). — Et enfin, à propos de la «désacralisation»: «Si le christianisme, étymologiquement, est la religion du Messie, annonciateur d'une ère messianique, on n'en finirait pas de dénombrer les phénomènes humains et sociaux de l'histoire humaine et contemporaine qui manifestent cette sacralisation de l'histoire humaine» (p. 360), à savoir: une sorte de transfert du sacré à tous les reflets terrestres du Royaume de Dieu.

Ici également, il est bon de ne pas imaginer l'histoire de nos régions de manière trop optimiste. En recevant à Notre-Dame de Paris l'Archevêque de Canterbury Robert Runcie, le cardinal Lustiger reconnaissait que «l'histoire religieuse de notre pays est faite d'évangélisations et de réévangélisations successives où se sont manifestés des courants spirituels et des peronnalités extraordinaires. Il n'y a pas eu de christianisation immémoriale. Peu de Français se souviennent aujourd'hui que les régions réputées traditionnellement chrétiennes ne le sont que depuis trois ou quatre siècles, et parfois moins».[21] Dès lors, qu'en était-il au Moyen-âge?

Une dernière objection. Ne sommes-nous pas foncièrement imprégnés et déformés par la mentalité «scientifico-technicienne», qui constitue un défi majeur pour la culture de notre temps?

Ici encore, il y a lieu de faire la part des choses et de se renseigner sur la question.

Pour amorcer une discussion à ce sujet, voici comment J. Ladrière décrit le défi que la rationalité moderne lance à la culture.[22] Les idées sont groupées en schéma simplifié.

• Apports «*positifs*» du système scientifico-technique aux cultures:
    — la valorisation de la connaissance «*objective*». La connaissance moderne est «critique» à tous égards: elle contrôle, fixe, justifie, règle chacune de ses démarches;
    — la valorisation de l'intervention «*active*». Le système scientifico-technique promeut une action réfléchie, précise, avec

usage optimum des moyens, dans les conditions les plus favorables, en esprit volontariste;
— déploiement du domaine «*éthique*». Le système scientifico-technique s'accompagne de nouveaux problèmes, de nouvelles valeurs, de normes renouvelées, avec une certaine «historicité de l'éthique», avec quelque «créativité axiologique».

• Résultats «*défavorables*»: questions posées aux représentations culturelles et spirituelles des courants traditionnels. En ceux-ci, en effet:
— la *connaissance* est moins maîtrisée et imprégnée de facteurs non critiques (coutumes, symboles, intérêts);
— l'*action* est moins «rationalisée», parce qu'elle est liée à des facteurs instinctifs, spontanés, coutumiers;
— l'*éthique* est ferme et figée, par les religions, les tabous, etc. Donc, ébranlement, mise en question, des assises traditionnelles des cultures.

• *Réaction actuelle* de «post-modernité»:
— un «désenchantement», une déception généralisée, une désacralisation du progrès;
— une réflexion sur les limites «de droit» des démarches scientifiques;
— un déploiement de tout ce qui déborde la «rationalité scientifique»: une rationalité «raisonnable», le sur-rationnel, le para-rationnel, la spontanéité, l'individualité, le chaleureux, etc.

À nous de combattre les erreurs et de déployer les apports féconds.

Alors, où en sommes-nous concernant le «siècle», le «monde», la «planète»? Il est grand temps d'y revenir!

Bien sûr! Jusqu'ici, en effet, nous avons surtout déblayé le terrain; et ce détour était indispensable pour éviter les jugements radicaux et excessifs. Désormais, dans ce qui suit, c'est dans un esprit serein, détendu et mieux éclairé qu'il est devenu possible de «dire» le monde et sa «consistance» foncière. On constatera même dans le style que le climat a changé.

Ce monde, en toutes ses dimensions avec les êtres humains pris individuellement ou en groupes, est «créature de Dieu». Tous les systèmes de pensée, toutes les sagesses religieuses ont proposé une réflexion sur ce sujet. Lorsque la réalité du monde *et* de Dieu est acceptée, une interprétation de leur relation est esquissée. Et l'on relève ainsi divers panthéismes, des doctrines émanatistes, des présentations cosmogoniques, des systèmes démiurgiques. Quant à la tradition judéo-chrétienne, elle propose une explication «spécifique». Pour elle, tout ce qui existe, hormis Dieu, est créé par Lui, c'est-à-dire posé par Lui dans l'existence, dans son ordre propre, avec une consistance réelle. Tout le créé est donc «autre» que Lui, «distinct» de Lui, avec une authentique «autonomie», notamment lorsqu'il s'agit de liberté, d'intelligence. Mais cela ne signifie pas: autonomie «sans dépendance» aucune, ou «séparation» existentielle. Pour un chrétien: Dieu est Dieu, et l'univers (humanité, monde, cosmos) n'est pas Dieu.

L'être humain, quant à lui, est appelé à l'existence comme «sujet», comme un «je» concret, doté de conscience intellectuelle et de liberté. La conscience intellectuelle rend l'homme capable de discerner la vérité, lui ouvrant ainsi les domaines de la science, de la pensée critique, de la culture, des initiatives rationnelles. Les actes humains sont libres, qui portent en eux les signes de l'auto-détermination, du choix: d'où naît toute la sphère de l'éthique.

Au cours d'une audience générale, en mai 1986, commentant le passage du livre de la Sagesse: «Tu as tout disposé avec mesure, nombre et poids» (11, 20), le Pape Jean-Paul II disait: «Même si la manière de s'exprimer de la Bible rapporte directement à Dieu le gouvernement des choses, la différence entre l'action de Dieu créateur comme Cause première et l'activité des créatures comme causes secondes demeure cependant suffisamment claire. Nous rencontrons ici une question qui tient beaucoup à cœur à l'homme moderne: celle relative à l'autonomie du créé et donc au rôle d'artisan du monde que l'homme entend assumer... En ce qui concerne la formation immanente du monde, l'homme possède depuis le début et de manière constitutive en tant qu'il est créé à l'image et à la ressemblance de Dieu, une place tout à fait particulière. Selon le livre de la Genèse, il est créé pour 'dominer', pour 'soumettre la terre' (Gen. 1,28). En participant, comme sujet rationnel et libre, mais toujours cependant en tant que créature, au *dominium* du Créateur sur le monde, l'homme devient, en un certain sens, *'providence'* pour lui-même, selon la belle expression de saint Thomas (*Summa theologica*, I, 22, 2 ad 4)».[23]

Est-il possible d'avancer encore dans la réflexion sur la valeur des activités et œuvres «séculières», «profanes», «humaines comme telles», et de dire si elles représentent quelque chose pour Dieu, au regard de Dieu, dans le dessein de Dieu?

Certainement. Voici, parmi beaucoup d'autres, quelques extraits de documents adoptés par le Concile Vatican II. Parlant d'œuvres et d'activités «séculières», nous visons le déploiement universel et multiforme de l'hominisation et de l'humanisation de la planète. Or, dit Vatican II, ce déploiement est opéré selon le dessein de Dieu et grâce au dynamisme de l'Esprit.

En effet, «pour les croyants, une chose est certaine: considérée en elle-même, l'activité humaine individuelle et collective, ce gigantesque effort par lequel les hommes, tout au long des siècles, s'acharnent à améliorer leurs conditions de vie, correspond au dessein de Dieu... Cet enseignement vaut aussi pour les activités les plus quotidiennes... [qui sont] un prolongement de l'œuvre du Créateur, un service fraternel, un apport personnel à la réalisation du dessein providentiel dans l'histoire... Mais plus grandit le pouvoir de l'homme, plus s'élargit le champ de ses responsabilités personnelles et communautaires» (*Gaudium et spes*, 34).

Peu avant, la même constitution pastorale avait appelé à promouvoir le bien commun, «c'est-à-dire cet ensemble de conditions sociales qui permettent, tant aux groupes qu'à chacun de leurs membres, d'atteindre leur perfection d'une façon plus totale et plus aisée», si bien qu'il faut «rendre accessible à l'homme tout ce dont il a besoin pour mener une vie vraiment humaine, par exemple: nourriture, vêtement, habitat, droit de choisir librement son état de vie et de fonder une famille, droit à l'éducation, au travail, à la réputation, au respect, à une information convenable». Et elle concluait par ces mots, simples mais frappants: «L'Esprit de Dieu, qui par une providence admirable conduit le cours des temps et rénove la face de la terre, est présent à cette évolution, *huic evolutioni adest*» (n. 26).

Par conséquent, tout l'ordre temporel: «les biens de la vie et de la famille, la culture, les réalités économiques, les métiers et les professions, les institutions de la communauté politique, les relations internationales et les autres réalités de ce genre, leur évolution et leur progrès, n'ont pas seulement valeur de moyen par rapport à la fin dernière de l'homme. Ils possèdent une valeur propre, mise en eux par Dieu lui-même...: 'Et Dieu vit tout ce qu'il avait fait et c'était très bon' (Gen. 1,31)» (*Décret sur l'apostolat des laïcs*, 7).

Dans ce déferlement d'activités «séculières», comment parvient-on à garantir et assurer la «spécificité» chrétienne? Car sans spécificité, il n'y a pas de réel pluralisme, ni donc de vraie démocratie.

Il faut maintenir et assurer une réelle «spécificité». Mais où se situe-t-elle exactement? C'est en la décrivant dans ses divers aspects que l'on peut envisager une collaboration sereine et même fraternelle.

Cette spécificité se situe à divers niveaux.

Tout d'abord, au niveau de l'*interprétation*. Lorsqu'un catholique œuvre en faveur de la paix, de la justice, de la religion, il est normal qu'il «interprète» son geste comme un acte s'accomplissant «in Christo», «in Spiritu», ou dans la grâce de Dieu. Cela ne l'empêche pas d'ajouter qu'il interprète également son geste comme une expression d'«humanité», interprétation parfaitement présentable, et non dévalorisée, supprimée, du fait de l'interprétation croyante. Et il n'opposera pas ici une interprétation «vraie» à une interprétation «fausse»; mais il considérera la sienne comme «plénière» du fait de sa référence aux perspectives de sa foi. Tout ceci se passe, en fait, dans la réflexion et l'esprit avant tout.

Ensuite, au niveau de la *motivation*. Lorsqu'un catholique œuvre en faveur de la justice, de la paix, de la liberté religieuse, il est normal aussi qu'il pense et vive intérieurement la motivation «chrétienne» qui est la sienne. L'interprétation philosophico-religieuse affirmée ci-dessus peut devenir un acte psychologico-théologal de foi, d'espérance, de charité. Tout comme l'humaniste vivra également une motivation de nature rationnelle, humaine. Et, à nouveau, c'est là un domaine avant tout intérieur, de conscience, de cœur.

La «spécificité» peut aussi se manifester de manière plus visible, plus sociale, dans la *mise en œuvre des «moyens»* qui étoffent toute action concrète en société, et donc toute collaboration concrète entre catholiques et non-catholiques. À ce moment, une règle générale est donnée par le Concile Vatican II notamment, lequel rappelle que doit être considérée la qualité «évangélique» des moyens d'action. La Constitution *Gaudium et spes*, n. 76, a abordé la question et y a insisté tout particulièrement, à diverses reprises. Ainsi, «il faut que tous ceux qui se vouent au ministère de la parole divine utilisent les voies et les moyens propres à l'Evangile (*viis et subsidiis Evangelio propriis*) qui, sur bien des points, sont autres que ceux de la cité terrestre (*a terrenae civitatis subsidiis differunt*) (76 §4). Ou encore, en parlant de l'Église: «Il est juste qu'elle puisse partout et toujours prêcher la foi avec une authentique liberté, enseigner sa doctrine sur la société, accomplir sans entraves sa mission parmi les hommes, porter un jugement moral, même en des matières qui touchent le domaine politique, quand les droits fondamentaux de la personne ou le salut des âmes l'exigent, en utilisant tous les moyens, et ceux-là seulement qui sont conformes à l'Évangile (*omnia et sola subsidia adhibendo, quae Evangelio... congruunt*) et en harmonie avec le bien de tous, selon la diversité des temps et des situations (*et omnium bono secundum temporum et condicionum diversitatem*) (n. 76 §5).

À parler strictement, cette invitation à user de moyens d'action «évangéliques» vise les activités apostoliques, ecclésiales. Mais qui oserait dire que l'on peut s'en dispenser dans les autres engagements et réalisations?

Enfin, la «spécificité», quand il s'agit de projets sociaux de justice, de paix, d'enseignement, d'écologie, de famines, etc., est examinée de manière scientifique par les théologiens qui traitent

de la «spécificité de la morale chrétienne». Or, en ce domaine, il
est éclairant d'examiner de plus près les positions adoptées par
des auteurs qualifiés. Pour certains d'entre eux, il y a identité
matérielle entre l'éthique chrétienne et l'éthique purement
humaine à ce niveau; ils identifient celle-ci au droit naturel, mais
sur la base d'une anthropologie très parfaite et qui est en réalité
proche de l'anthropologie du message chrétien[24]. D'autres estiment au contraire que les «nuances» spécifiques des comportements chrétiens sont importantes et nombreuses. Quel est ce spécifique? Mgr Delhaye le décrit[25]. «La justice sociale du chrétien
est englobée et débordée par la charité. La vertu de religion, chez
Cicéron, a pour objet les cérémonies du culte. Chez beaucoup
d'auteurs chrétiens, comme S. Augustin et S. Bonaventure, elle est
foi, espérance et charité. La magnanimité était, pour Aristote, le
sens de l'honneur et de la dignité. Les chrétiens ont conservé ces
formules mais pour désigner la force de vivre et au besoin de
mourir en martyr. La patience du stoïcien était soumission au destin implacable; elle est devenue, pour le chrétien, l'attente coura-
geuse de l'heure de Dieu dans la communion à la passion du
Christ. L'humilité était une valeur peu connue ou en tout cas peu
prisée. Elle est devenue une des attitudes chrétiennes les plus
caractéristiques» (p. 338).

On constate que la spécificité de la morale chrétienne, très
réelle lorsqu'on considère l'intégralité intérieure et externe des
activités humaines, se situe en grande partie dans la zone des
données transcendantales et dans celle des attitudes plus ou
moins proches de l'activité extérieure. Aussi, l'accord pourrait
être réalisé entre chrétiens et humanistes sur des projets concrets
et particuliers intéressant la société ou la communauté internationale: conditions de la paix, étapes d'un désarmement, voies
d'une meilleure justice, instruments de solidarité Nord-Sud,
droits humains fondamentaux. À ce niveau, et lorsque tous les
acteurs sont des «personnes de bonne volonté», une activité com-
mune et unanime pourrait être considérée — qu'on en soit
conscient ou non — comme étant réellement en liaison avec
l'Agir divin.

Alors, c'est donc l'optimisme plénier, sans limites? Vive le «siècle», le «monde», la «planète»!

Non, évidemment! Le «siècle», c'est également une fragilité essentielle!

En son processus de croissance, le «monde» révèle également des aspects fragiles, voire pervers, décelables en toutes les périodes de l'histoire. Celle-ci nous met en contact avec les limites, les déviances, les ambiguïtés des œuvres réalisées en ce monde et dans l'histoire au nom de la sécularité, de la raison, de la liberté. Le récit de la Genèse, en effet, ne parle pas seulement de la grandeur des créatures raisonnables: il raconte aussi l'intervention de Dieu et les commandements qu'Il nous donne, les tentations et le péché des créatures, la punition et le châtiment infligés, et aussi la promesse d'une libération, d'un rétablissement. Ces diverses péripéties du séjour des êtres humains dans l'Éden nous révèlent, de plus en plus concrètement, la responsabilité authentique, certes, mais périlleuse, précaire, chancelante, dramatique parfois, qui repose sur nous. On pourrait même dire que la Genèse nous offre, comme en esquisse, les traits qu'on retrouve, pleinement accusés, à chaque période de l'histoire du salut: création, élévation, chute, rédemption, temps de l'Église. Ces quelques notations suffisent ici à situer le «monde» au cœur de l'histoire du salut.

Et le Concile Vatican II, dont l'optimisme est cependant bien connu, voire discuté, nous met en garde. «Un dur combat contre les puissances des ténèbres passe à travers toute l'histoire des hommes; commencé dès les origines, il durera, le Seigneur nous l'a dit, jusqu'au dernier jour» (*Gaudium et spes*, 37).

Toutefois, «ces valeurs de dignité, de communion fraternelle et de liberté, tous ces fruits excellents de notre nature et de notre travail, que nous aurons propagés sur terre selon le commandement du Seigneur et selon son Esprit, nous les retrouverons plus tard, mais purifiés de toute souillure, illuminés, transfigurés, lorsque le Christ remettra à son Père, un royaume éternel et universel» (*Gaudium et spes*, 39).

CHAPITRE TROISIÈME

LA SAINTETÉ «PAR LE SIÈCLE»

Dans ce qui précède, il a été question de la sainteté «dans le siècle», dans ce monde, avec toutes les caractéristiques du siècle actuel. Maintenant, un chapitre troisième annonce des considérations sur la sainteté «par le siècle». Qu'y a-t-il exactement derrière la préposition «par»? J'ai consulté le «Dictionnaire du français contemporain», de Larousse, et je lis: «indique le moyen ou l'agent par lequel se réalise l'action, le lieu de passage, etc.». Est-ce cela ici également?

Oui, mais dans les perspectives générales de l'œuvre sanctificatrice de Dieu. Et voici, brièvement, un sommaire des données qui seront examinées et précisées dans ce qui suit. Sa lecture en est quelque peu austère. Mais il nous met sur la bonne voie.

Dieu est la source de toute sainteté. Il ne nous sanctifie cependant pas malgré nous. Par le péché, nous pouvons même refuser sa bienveillance. Il attend, de notre part, un acte d'accueil, d'acceptation, de conformité, acte humain en toute sa profondeur.

Un acte humain, à chaque instant, voilà tout ce dont nous disposons pour «croître en sainteté». C'est par cet acte, et dans cet acte que, à chaque instant, nous «devenons» plus ou moins saints ou plus ou moins mauvais. Tout acte, par lui-même, me grandit ou me diminue. Tout acte me transforme, nécessairement. Est-ce à dire que tout en nous est «intéressé», que le désintéressement est pure illusion? Autre chose est la résultante de tout acte sur celui qui l'accomplit, autre chose la recherche d'un intérêt personnel ou collectif. Le «désintéressement» authentique ne peut que me «grandir», tout aussi authentiquement!

Lorsque se pose la question précise du «comment» de la sanctification, au sens de: «par quels moyens», «par quelles médiations», la sainteté de Dieu nous advient-elle en réponse à notre appel et selon le degré de ferveur de cet appel, on constate que les grâces divines sont diverses, comme sont diverses les formes de sainteté proposées par l'Église en ses canonisations.

Comme nous visons de manière particulière les moyens de sanctification «par le siècle», ce sont les réponses de nature «profane» qui seront rappelées en ordre principal. Les moyens d'ordre «religieux-ecclésial» sont mieux connus, exposés partout dans les ouvrages de spiritualité.

Mais précisons encore.

Le moyen de sanctification *au sens radical et premier*, est l'option fondamentale prise par telle personne, dans telle condition de vie, du fond du cœur. Mais pour assurer l'accomplissement parfait de la succession d'actes constituant une existence, il faut choisir certains «moyens». Cette fois-ci, le terme «moyens», au pluriel, désigne tout ce qui peut être utile à assurer la croissance elle-même. Ces moyens, ce sont — je cite, sans ordre — la Bible et les livres de doctrine spirituelle, le travail, les loisirs, la famille, les sacrements, l'engagement politique, les œuvres, l'apostolat, etc. Il y a lieu de bien distinguer le «moyen», au sens *radical* du terme, et «les moyens» qui sont des instruments, plus ou moins parfaits, au service du moyen premier et absolu.

Certains fidèles confondent «*les moyens*» avec «*le moyen*». Déplaçant le point d'application de leurs efforts, ils estiment avoir réalisé le maximum, lorsqu'ils ont mis en œuvre la série des «moyens» considérés comme *aptes* à sanctifier, alors qu'ils devraient se demander si ces moyens les mènent en *fait* à aimer «avec *plus* de ferveur» Dieu et le prcchain. Sinon, ces moyens perdent leur signification première. Ainsi: une pauvreté réelle qui rendrait maussade ou un célibat qui rendrait neurasthénique perdent une part de leur signification: car tout est «pour la charité».

Ces principes, comment peut-on les appliquer à la vie concrète? Si la «sainteté» est «charité», ainsi que le disait le

*Concile Vatican II, cette charité est-elle ce «par» quoi l'action
divine sanctificatrice nous advient, ce «par» quoi l'action divine
rayonne réellement en toute notre existence?*

C'est bien cela, en effet. Mais il faut envisager alors la charité
chrétienne dans toute son amplitude.

Voici comment s'exprime la constitution *Lumen gentium*.
«Dieu est charité et celui qui demeure dans la charité demeure en
Dieu et Dieu en lui (1 Jean 4, 16). Sa charité, Dieu l'a répandue
dans nos cœurs par l'Esprit-Saint qui nous a été donné (cf. Rom.
5,5). La charité qui nous fait aimer Dieu par-dessus tout et le prochain à cause de lui, est par conséquent le don premier et le plus
nécessaire. Mais pour que la charité, comme un bon grain, croisse
dans l'âme et fructifie, chaque fidèle doit s'ouvrir volontiers à la
parole de Dieu et, avec l'aide de sa grâce, mettre en œuvre sa
volonté, participer fréquemment aux sacrements, surtout à
l'Eucharistie, et aux actions liturgiques, s'appliquer avec persévérance à la prière, à l'abnégation de soi-même, au service actif de
ses frères et à l'exercice de toutes les vertus. La charité, en effet,
étant le lien de la perfection et la plénitude de la loi (cf. Col. 3,
14; Rom 13,10), dirige *tous les moyens de sanctification*, leur
donne leur âme et les conduit à leur fin. C'est donc la charité
envers Dieu et envers le prochain qui marque le véritable disciple
du Christ» (n. 42).

Mais qu'est-ce qu'aimer le prochain? Qu'est-ce qu'aimer
Dieu?

Aimer le prochain, c'est vouloir et aussi réaliser — dans le
contexte de sa vocation et de ses possibilités — tout ce qui peut
conduire la communauté humaine à croître, plus solidaire, plus
heureuse, plus belle, plus honnête, plus croyante. Cette volonté
porte certes sur des biens «privés», voire limités à des individus:
la naissance, la souffrance, la vocation, le mariage, la mort. Mais
elle porte également sur les mécanismes des systèmes socio-cultu-
rels ou politico-économiques au cœur desquels se déroule notre
existence, avec ses conflits là où ils sont inéluctables et structu-
rels, avec ses initiatives de rénovation profonde, de réforme
vigoureuse. Tous ces gestes à accomplir sont des points d'applica-

tion d'une charité réelle dans le monde tel qu'il est aujourd'hui. Ils constituent une partie parfois paradoxale de l'existence chrétienne fidèle à l'Évangile.

Mais pour être «chrétien» de façon plénière, c'est-à-dire semblable à ce que vécut le Christ lui-même, l'amour du prochain doit être vécu aussi «en aimant Dieu». Et aimer Dieu lui-même, c'est le rechercher, être à l'écoute de sa Parole, prendre mieux conscience de son action, s'éveiller à l'expérience de sa présence, exprimer nos sentiments à son égard, prendre part au culte commun d'adoration que lui présente la communauté des disciples du Christ, partager avec les autres cette découverte et ces perspectives, le célébrer ensemble dans la joie.

Sans répondre à toutes les questions qui se posent à chacun dans sa situation la plus personnelle, ces quelques traits peuvent nous montrer en quel sens se diriger.

Au cours des siècles, des penseurs chrétiens nous ont présenté quelques réflexions particulièrement prégnantes sur ce sujet. Créé à l'image de Dieu, disent-ils, l'être humain est par conséquent doué de dons divers: d'intelligence, de liberté, d'autorité. Il est établi seigneur et médiateur des créatures visibles. Les Pères et les grands scolastiques développent sur ces thèmes des idées audacieuses. «Lux mundi homo est» écrit Sévérien.[26] Le travail quotidien, avec toutes les activités humaines, est une «hostie spirituelle, agréable à Dieu» que le peuple chrétien offre au Père. D'ailleurs, n'est-ce pas le Christ, Verbe Incarné, qui doit être notre Maître et Exemple, toujours? Or, bien que participant à la vie intratrinitaire, puisqu'il est Verbe de Dieu, le Christ n'en mena pas moins la vie très simple et très terrestre de ses contemporains: il fut le «fils bien-aimé» du Thabor, mais aussi le «filius fabri» dont on admirait la sagesse.

Mais il y a plus étonnant encore. Des théologiens ne jugent pas du tout impossible que les élus, tout en vivant de la vie trinitaire — leur béatitude primordiale — puissent également et même synchroniquement voir s'épanouir toute leur humanité glorifiée, d'une manière ineffable, dans un cosmos renouvelé, et grâce à toutes les possibilités d'action, d'expression et aussi de communication qu'offriront des corps «spirituels», «glorieux», «dynamiques» selon l'Esprit (1 Cor. 15, 42-44). «Chez les élus, dit S. Thomas, toutes les puissances humaines seront absolument parfaites, si bien que l'une d'elles pourrait agir avec un maximum d'intensité sans nuire d'aucune manière à l'activité de l'autre: comme ce fut le cas pour le Christ»: *sicut et in Christo fuit* (*Somme théologique*, III a, Suppl., qu. 82, art. 3, ad 4um).

De par son lien avec l'agapè divine, la charité stimule le chrétien à travailler pour ses frères, à leur communiquer les dons et les bienfaits de la création. Savoir lire, par exemple! Comment, sinon, sans cruelle ironie, leur proposer la lecture de la Bible et leur suggérer la *lectio divina*? Ou encore: avoir un minimum vital! Celui que la faim exténue est-il en état de prendre part à des cérémonies liturgiques pascales? Et aussi: avec un minimum de bien-être! Comment, sinon, ose-t-on proposer un idéal conjugal et familial de culture et d'épanouissement? La charité stimule donc, mieux, elle exige de chaque fidèle qu'il œuvre avec ardeur et persévérance à l'établissement d'un monde fraternel, où les hommes et les femmes sont réellement des «frères» et des «sœurs».

Cet aperçu d'ensemble d'une existence vécue dans la charité est éclairant. Mais ne serait-il pas précieux de recevoir quelques notations concrètes fournissant à l'imagination des chrétiens des modèles de comportements qui soient des relais de l'action sanctificatrice de Dieu, mais des relais appartenant au «siècle», à l'«humain comme tel»? Ainsi, le «travail»: voilà une activité courante pour tout fidèle laïc!

Entièrement d'accord. Et ce sont semblables modèles qui vont être proposés dans les pages qui suivent.

Quant au «travail», voici comment on pourrait le présenter comme moyen de sanctification.

Tout d'abord, en rappelant ce que le Pape disait dans son Encyclique *Laborem exercens* (1981)[27] nn. 24 et 25, sur le travail humain. Il y consacre un chapitre à une «spiritualité du travail susceptible d'aider les hommes à s'avancer *grâce à lui* — nous soulignons — vers Dieu, Créateur et Rédempteur, à participer à son plan de salut sur l'homme et le monde, et à approfondir dans leur vie l'amitié avec le Christ, en participant par la foi de manière vivante à sa triple mission de prêtre, de prophète et de roi». Pareille spiritualité implique, poursuit le Pape, «un effort intérieur de l'esprit guidé par la foi, l'espérance et la charité, pour donner au travail de l'homme concret... *le sens qu'il a aux yeux de Dieu*», à savoir: «un prolongement de l'œuvre du Créateur, un service de leurs frères, un apport personnel à la réalisation du plan providentiel dans l'histoire».

Le *Catéchisme de l'Église catholique*, n. 2427, reprend ces considérations et conclut: «Le travail peut être un moyen de sanctification et une animation des réalités terrestres dans l'Esprit du Christ».

Pourrions-nous passer à un autre exemple? Ainsi, «la vie conjugale». N'est-elle pas la condition d'existence courante des fidèles laïcs? Et n'est-elle pas, de soi, très humaine, très affective, et aussi charnelle? Peut-elle être moyen de sanctification?

Je crois que oui. Que signifierait sinon la déclaration chère aux Pères conciliaires de Vatican II sur l'appel «universel» à la sainteté, longuement décrit au chapitre V de la Constitution *Lumen gentium*, nn. 39-42? La sainteté, y lit-on, «sous toutes ses formes s'exprime en chacun de ceux qui tendent à la charité parfaite dans leur ligne propre de vie — *in suo vitae ordine*» (n. 39). Car «tous ceux qui croient au Christ iront en se sanctifiant toujours plus dans les conditions, les charges et les circonstances de leur vie, et grâce à elles — *et per illa omnia* — s'ils reçoivent avec foi toute chose de la main du Père céleste et coopèrent à l'accomplissement de la volonté de Dieu» (n. 41).

La sanctification par la virginité et les conseils évangéliques n'est pas décrite ici, non pour en diminuer en quoi que ce soit la valeur et l'éminence, mais parce que ces pages ont pour objet la sanctification «dans et par le siècle». Tout comme les ouvrages de spiritualité consacrés au thème de la virginité ne décrivent pas l'idéal de sainteté dans l'état de mariage.

Voici maintenant ce que l'on pourrait expliquer plus fréquemment aux fidèles laïcs mariés.

C'est dans la vie conjugale et familiale que s'opère pour la plupart des fidèles la conjonction de l'amour de Dieu et de l'amour d'autrui. L'état de mariage est la condition de vie de l'ensemble de l'humanité. Tragique condition, par conséquent, si la vie conjugale était intrinsèquement viciée par le péché, si, comme l'écrivaient des auteurs aux XIe-XIIe siècles, «l'acte conjugal ne peut jamais s'accomplir sans péché».[28] La théologie morale a fort évolué depuis. Toutefois, disait un fiancé: «il ne suffit quand même pas de se marier pour entrer de plain pied dans les voies de la mystique!»

On peut tout d'abord considérer comme acquis, aujourd'hui, que la vie conjugale n'est pas, de soi, une condition peccamineuse, ou presque.

On peut considérer également comme acquis que, quoi qu'on écrive sur la supériorité en soi du célibat consacré, cette supériorité n'a de portée concrète que pour ceux qui y sont appelés.

On peut considérer également comme acquis actuellement que la vie conjugale, et donc aussi la *libido* qui l'accompagne, si elle se déploie selon l'ordre voulu par le Créateur — y compris l'intervention régulatrice fixée dans les conditions justes — est bonne, morale, susceptible d'être présentée au Seigneur comme une «offrande spirituelle», à savoir «dans l'Esprit-Saint». En ce sens, il est théologiquement exact de dire que le «charnel», au sens physique du terme, peut être authentiquement «spirituel», c'est-à-dire vécu «dans l'Esprit». La pensée chrétienne donne un sens juste à une vérité un peu paradoxale à première vue.

À ce propos, une petite anecdote relative aux travaux de la Commission pour la Doctrine de la foi et des mœurs éclairera sur les intentions des Pères à Vatican II. On entamait la discussion sur *Lumen gentium*, 34, où il est dit que toutes les activités terrestres, et donc aussi la vie conjugale et familiale, pouvaient devenir des «offrandes spirituelles» lorsqu'elles étaient menées «selon et dans l'Esprit-Saint». Un membre de la Commission demanda s'il y avait lieu de dire *et conjugalis*. Sans hésiter, les autres membres de la Commission répondirent que la mention de *vita conjugalis* devait être maintenue, étant donné que «la vie conjugale» peut être vécue comme il se doit, et donc «dans l'Esprit-Saint».

Ce qui est demandé aux conjoints chrétiens, c'est d'intégrer dans leur vie conjugale l'ascèse que l'on demande à tous les fidèles d'exercer dans chaque secteur de leur existence.

Il leur est demandé, notamment, non d'imiter la continence de ceux qui sont appelés au célibat consacré, mais de faire en sorte que, usant des biens et des joies terrestres, ils ne s'y *enlisent* point. À ce propos, le texte de I Cor 7,31 a été souvent mal traduit: «que ceux qui usent de ce monde, qu'ils soient comme n'en usant pas». Les traductions actuelles interprètent plus exactement l'antithèse paulinienne chrômenoi — katachrômenoi. Le préfixe «kata», dans les dictionnaires, signifie en effet «à fond», «entièrement», «jusqu'au bout», «aus», etc. On pourrait dire: qu'ils ne s'y «enlisent» point, ce qui est demandé d'ailleurs pour toute joie terrestre.

Nous rapportons un peu plus loin comment le Concile du Vatican II en est arrivé à expliquer la portée exacte de 1 Cor 7,31.

Mais la sainteté n'implique-t-elle pas que l'on aime Dieu d'un cœur sans partage, «indiviso corde»? N'est-ce pas là la doctrine spirituelle courante? On ne peut quand même pas l'appliquer aux gens mariés!

Les Pères conciliaires de Vatican II, qui ont proclamé fermement l'appel «universel» à la sainteté, ont en effet rencontré cette question. La Commission pour la Doctrine de la foi et des mœurs — c'est-à-dire trente Pères désignés par l'Assemblée pour revoir les textes d'après les amendements proposés — a discuté la difficulté.

Au cours des réunions qui concernaient l'élaboration de *Lumen gentium*, la Commission conciliaire en était arrivée au n. 42, là où il était dit que ceux qu vivent dans le célibat peuvent aimer Dieu «plus facilement et d'un cœur sans partage». Ce qui impliquait que la grande majorité des fidèles en étaient réduits à aimer Dieu «d'un cœur partagé» avec les créatures. Divers Pères estimaient que cette façon de parler, bien que susceptible d'une explication acceptable, établissait entre les fidèles une forme de classement très schématique et même discutable: car qu'en était-il de l'appel universel à la sainteté? Des experts appartenant à des Ordres firent eux-mêmes remarquer qu'ils aimaient leurs parents, leurs ouailles, leurs étudiants, leurs travaux, etc. Le secrétaire, Mgr G. Philips, proposa alors de supprimer le *et* et de dire: ceux qui professent les conseils évangéliques peuvent aimer Dieu «plus facilement sans partage» (au lieu de «plus facilement *et* sans partage»). D'où il résultait que *tous* les fidèles pouvaient tendre à aimer Dieu d'un cœur sans partage. En fait, les traducteurs des textes conciliaires, habitués à entendre dire «plus facilement *et* sans partage», ont, dans l'ensemble, repris le *et* qui avait été délibérément supprimé. Ceux qui possèdent le texte latin face à une traduction pourront contrôler. Dans le Décret sur le ministère et la vie des prêtres, n. 16, la formule de *Lumen gentium* est reprise à propos du célibat: «*Ei facilius indiviso corde adhaerent*».

Une autre mise au point significative, et dans le même sens, a été faite lors de cette révision de *Lumen gentium*, 42. On connaît le passage de *1 Corinthiens* 7,31: «... que ceux qui usent de ce monde soient comme s'ils n'en usaient pas». Ce texte peut aisément étayer un idéal de célibat consacré. En fait, l'original grec n'est pas traduit fidèlement dans la version latine. Ce verbe grec, explique par exemple le P. Allo dans le commentaire des *Études Bibliques*, veut dire: «user à fond, jusqu'à épuisement»; l'apôtre demande donc que le cœur «ne s'y absorbe point».[29] Un membre de la Commission, ancien professeur d'exégèse, reconnut le bienfondé de l'amendement proposé. Finalement, la Commission rectifia la traduction courante latine en «*qui utuntur hoc mundo, in eo non sistant*»: «qu'ils ne s'y arrêtent pas», «qu'ils ne s'y installent pas». Et ceci est praticable par tous les fidèles. Dans le texte du Concile, la référence à *1 Corinthiens* 7,31 a été complétée par «en grec». Peu perçue généralement, cette mise au point manifeste une nouvelle fois l'attention des Pères du Concile pour que soit sauvegardée la doctrine de l'appel universel à la sainteté.

Tout ceci demande au moins que l'on ne traite ce sujet qu'avec prudence et discernement.

Peut-on prolonger la liste de ces notations concrètes et parler des activités multiples et variées que les fidèles laïcs peuvent accomplir dans la «société», au niveau politique, social, culturel, etc.?

Certainement!

Les laïcs sont appelés à une activité considérable dans et au profit de la société. Lorsque les autorités ecclésiastiques abordent ce domaine, elles disent et répètent que cette activité présente des valeurs de grand poids, mais que le rôle des pasteurs est de proposer des orientations doctrinales, des principes, non des «solutions concrètes». La mise au point est fréquente. Le cardinal J. Ratzinger précise: «Il n'appartient pas aux pasteurs de l'Église d'intervenir directement dans la construction politique et dans l'organisation de la vie sociale. Cette tâche fait partie de la vocation des laïcs agissant de leur propre initiative avec leurs concitoyens».[30] On a noté le «directement».

Lorsqu'on détaille ce qui leur incombe, les laïcs sont parfois désemparés, mais toujours impressionnés.

C'est donc à nous, disent-ils, en ordre principal, qu'est demandé le labeur vaste et délicat d'étudier les situations concrètes de la société, et donc de nous livrer à une analyse sérieuse, et de grande ampleur parfois, des situations sociales ou économiques. «Que la connaissance scientifique de la situation et des voies possibles de transformation sociale soit le présupposé d'une action capable d'atteindre les buts que l'on s'est fixés, cela est évident. Il y a là une marque du sérieux de l'engagement»,[31] précisait encore le cardinal J. Ratzinger à propos de la théologie de la libération.

Ces laïcs catholiques sont, en même temps, avertis qu'il leur faudra assurer entre eux un effort soutenu de dialogue. La constitution *Gaudium et spes*, 43, le signalait déjà. Fréquemment, disait-elle des laïcs, «c'est leur vision chrétienne des choses qui les inclinera à telle ou telle solution. Mais d'autres fidèles, avec une égale sincérité, pourront en juger autrement, comme il advient souvent et à bon droit... Que toujours, dans un dialogue sincère, ils cherchent à s'éclairer mutuellement, qu'ils gardent entre eux la charité et qu'ils aient avant tout le souci du bien commun». Paul VI, à son tour, le déclarait sans ambages: «Dans les situations concrètes et compte tenu des solidarités vécues par chacun, il faut reconnaître une légitime variété d'options possibles. Une même foi peut conduire à des engagements différents».[32]

C'est nous aussi, disent les laïcs, qui sommes appelés, dans la vie d'un État pluraliste et démocratique, à œuvrer avec d'autres chrétiens, avec des non-croyants, au cœur de sensibilités diverses d'ordre culturel et religieux.

C'est nous également qui devons, compte tenu de la complexité des rouages d'un pays démocratique, envisager et établir des solutions de «compromis» qui ne soient pas des «compromissions».

C'est nous enfin, disent encore ces laïcs, qui devons affronter les risques inhérents à la mise en œuvre concrète des solutions adoptées. Si la reconnaissance est assurée en cas de succès, les reproches le sont plus encore en cas d'erreur ou de maladresse. À cet égard, la mission «doctrinale» des clercs semble moins périlleuse.

À propos de l'action des fidèles laïcs dans la société, peut-on évoquer aussi des activités appelées «prophétiques», se situant au cœur de «perspectives eschatologiques», telles celles que certains fidèles laïcs assument, notamment en vue d'instaurer ici-bas la justice?

Bien sûr! Et voici comment se déroule la réflexion sur ce point.

Dans l'histoire universelle du salut, le Royaume de Dieu commence à advenir dans l'ensemble de la communauté humaine, car l'Esprit y porte déjà des «fruits spirituels» de justice, de paix, de vérité, de bonheur. Cette ébauche du Royaume est à certains égards plus éclairante dans la communauté ecclésiale. En elle, les chrétiens perçoivent et vivent plus distinctement le décalage existant entre l'état définitif qui est leur horizon et la situation complexe et imparfaite de tous, chrétiens compris. D'où, une nostalgie du Royaume, un effort de progrès en direction de son terme céleste, voire quelques «gestes prophétiques d'anticipation», tendant à réaliser et vivre dès à présent, et autant que ce soit possible ici-bas, tel ou tel aspect de l'existence pressentie dans la Cité de Dieu. Le domaine de ces anticipations est aussi vaste que

l'est l'étendue de l'existence humaine. Les zones les plus intimes
et les plus spirituelles des êtres humains, comme les structures les
plus matérielles et les plus globales de l'humanité, peuvent être le
lieu de ces anticipations. Telles certaines vocations monastiques.
Tels certains actes de prophétisme visant la justice, les opprimés.
Ces gestes ou actes d'inspiration eschatologique, accomplis par
des individus ou des groupes, selon les impulsions de l'Esprit
«qui renouvelle la face de la terre», sont comme le déjà-là mystérieux du Royaume présent parmi nous. La gerbe de ces gestes peut
revendiquer la qualité de «dons spirituels». Chacune des fleurs
qui la constituent est à maintenir, à apprécier. Aucune d'elles n'est
à exclure, sans que soit porté atteinte à la perspective «planétaire»
de l'activité sanctificatrice de Dieu.

Parmi ces «anticipations prophétiques», il ne faut pas hésiter à
placer les défis d'ordre politique ou économique. «L'Esprit créateur est présent au sein de toute sa création. Car il n'est pas seulement l'âme de l'Église, il est l'âme du monde, en activité dans tout
effort de renouveau du monde. Peut-être, a-t-on dit, ne sommes-
nous encore qu'au premier jour de la création», écrit le cardinal
L.J. Suenens dans un classique du Renouveau, *Une nouvelle
Pentecôte?*.[33] Le Saint-Esprit, poursuit-il, «nous demande de com-
prende nos devoirs de chrétiens en toutes leurs dimensions, non
seulement personnelles ou familiales, mais aussi professionnelles,
sociales, politiques, tant au plan local que mondial. Aujourd'hui,
comme l'écrivait J.M. Domenach, 'les grands choix de la charité
collective s'expriment en termes de décision politique'... Il importe
d'intégrer prière et politique, prière et comportement social, prière
et justice, prière et paix, prière et réconciliation des hommes. Nous
devons, à la fois, situer notre espérance dans l'au-delà et travailler
à anticiper le royaume de Dieu» (p. 196-197).

Le désir d'anticiper la vie du Royaume, «tant au plan local que
mondial», fermente au cœur de la vie théologale de la foi, de
l'espérance, de la charité.

*Comment peut-on expliquer que ces activités multiformes
deviennent des relais de l'action sanctificatrice de Dieu?*

L'indication la plus nette et la plus simple se trouve dans deux passages de la constitution *Lumen gentium* de Vatican II.

Le n. 10 en fournit l'indication globale: «Les baptisés, par la régénération et l'onction du Saint-Esprit, sont consacrés pour être une demeure spirituelle et un sacerdoce saint, pour offrir, *par toutes les activités du chrétien*, autant de sacrifices spirituels»: *ut per omnia opera hominis christiani.*

Le n. 34 détaille cet appel. «Toutes leurs activités, leurs prières et leurs entreprises apostoliques, leur vie conjugale et familiale, leurs labeurs quotidiens, leurs détentes d'esprit et de corps, s'ils sont vécus dans l'Esprit de Dieu, et même les épreuves de la vie, pourvu qu'elles soient patiemment supportées, *tout cela devient offrandes spirituelles*, agréables à Dieu par Jésus-Christ»: *omnia eorum opera... fiunt spirituales hostiae.*

On se souviendra de la signification biblique et «chrétienne» du terme «spirituel», que nous avons rappelée plus haut. Quant à la direction, elle est claire, simple, nette.

CHAPITRE QUATRIÈME

LA PERSPECTIVE PLANÉTAIRE DE L'ACTION SANCTIFICATRICE DE NOTRE DIEU

Dans l'introduction à ce livre, vous annoncez un chapitre sur l'œuvre sanctificatrice de notre Dieu dans l'univers entier, au niveau planétaire. Est-ce pour terminer avec éclat, en une perspective grandiose?

Non! À mes yeux, ce sont au contraire les pages les plus importantes de cette plaquette. Car lorsque l'on parle de la «sainteté», n'est-il pas indispensable de se mettre en contact et de demeurer en contact avec la Source permanente de toute sainteté? Et lorsqu'il s'agit d'envisager la sainteté «dans et par le siècle», n'est-il pas tout aussi indispensable de savoir que Dieu nous sanctifie, non seulement par des médiations religieuses-ecclésiales, mais aussi par des médiations profanes, séculières, humaines. Voilà pourquoi les considérations qui suivent sont capitales pour comprendre en profondeur le sujet qui nous occupe ici, même si elles peuvent parfois paraître un peu arides.

Vous venez de distinguer les moyens de sanctification de nature «religieuse-ecclésiale» des autres moyens, «profanes», «humains». N'allez-vous pas dévaloriser les moyens religieux et survaloriser les moyens profanes, du «siècle», «humains comme tels»?

Nullement! Les moyens de sanctification de nature religieuse-ecclésiale jouissent d'une priorité incontestable. Les sacrements, les sacramentaux, les prières communes, les célébrations liturgiques sont des «médiations» qui jouissent d'une précellence certaine, d'une haute densité spirituelle, d'une portée signifiante immédiate; parfois aussi, lorsqu'il s'agit de sacrements, elles sont assurées d'une forme de garantie divine du fait de leur institution même. Ces médiations «religieuses-ecclésiastiques» sont estimées et promues de façon privilégiée, parce qu'elles nous aident en quelque sorte directement et par elles-mêmes à nous «unir» au Seigneur, parce qu'elles nous mènent quasi naturellement à sa «rencontre».

Toutefois, la conditon «chrétienne» des époques pré-modernes de l'Europe conduit à se poser la question de l'influence sanctifiante effective, réelle, des moyens religieux-ecclésiatiques de sanctification. On sait, mais n'oublie-t-on pas parfois, que l'influence des médiations sanctificatrices de Dieu est liée normalement à la qualité, au degré d'accueil dans le chef des fidèles. On a connu certes jadis des missionnaires et des évangélisateurs de grand format. Il y eut aussi des saints et des saints canonisés de très haut style, voire des Docteurs de l'Église. Mais on devrait également se demander ce que furent, pour les «fidèles laïcs» des siècles anciens, la «vitalité» religieuse, la «participation» à la célébration eucharistique, la «culture» religieuse en son niveau indispensable à une intégration, etc.

Si les pasteurs de l'Église avaient donné une meilleure place à des monitions spirituelles sur le devoir d'état «séculier», la situation eût-elle été parfaite? Certes non! Mais le spectacle concret de ce passé plus ou moins médiocre pourrait amener les promoteurs des «moyens» de sanctification de type «religieux-ecclésiastique» à s'exprimer de façon nuancée. Et à reconnaître aussi qu'il faudrait raffermir l'effort visant à améliorer la qualité chrétienne des laïcs grâce à une meilleure «mise à profit» spirituelle de leur convivence avec les réalités du «siècle». Ne pourrait-on œuvrer en tous les secteurs de l'existence, afin d'obtenir quelques améliorations, de part *et* d'autre, sans attendre qu'on en arrive ici-bas à vivre au cœur d'une humanité pleinement chrétienne?

Or, c'est en vue de cela qu'il est important de se situer du point de vue de Dieu et de mieux percevoir quels sont les «médiations», les «relais» grâce auxquels son œuvre sanctifiante nous advient. Ces «médiations», ces «relais» sont-ils uniquement religieux-ecclésiaux, ou peut-on et doit-on en élargir les perspectives?

Alors, parlez-nous des relais, de l'ensemble des relais de l'action sanctifiante de Dieu dans l'humanité.

Voici. Nous rappellerons d'abord les «médiations» que l'on peut considérer comme *«individuelles»*.

Première forme théologique de médiation individuelle: la loi inscrite en notre cœur. Les «païens», écrit saint Paul, «sans posséder la Loi, se tiennent à eux-mêmes lieu de loi: ils montrent la réalité de la loi inscrite dans leur cœur» (Rom 2,14-15). Pour l'Apôtre, la moëlle de la Loi mosaïque peut être connue par tout homme; elle coïncide d'ailleurs avec les prescriptions essentielles de la nature humaine. Les Gentils sont donc, eux aussi, de cette façon, soumis à une loi, et même en fin de compte à la Loi. Il serait intéressant de parcourir les commentaires patristiques et médiévaux de l'Épître aux Romains pour dégager la signification qui a été donnée de cette «loi inscrite dans le cœur» de tous les hommes. On lira aussi le n. 16 de la Constitution pastorale *Gaudium et spes* de Vatican II.

Deuxième médiation individuelle, reprise à la théologie patristique: le *«logos spermatikos»*, la «semence du Verbe». Elle fut développée particulièrement par saint Justin, au milieu du IIe siècle, et c'est à celui-ci que nous reprenons ce qui suit.[34] Pour saint Justin, le Christ seul est le Logos. Toutefois, une «semence du Logos» fut répandue dans l'humanité entière. «Le Christ est le premier-né de Dieu, son Logos, auquel tous les hommes participent: voilà ce que nous avons appris et ce que nous avons annoncé... Ceux qui ont vécu selon le Logos sont chrétiens, eussent-ils été considérés comme des athées: tels furent chez les Grecs Socrate, Héraclite... et leurs semblables» (*Apol.* I, 46). Les philosophies païennes procèdent d'une connaissance réelle du Logos; mais cette connaissance est partielle: de là vient qu'elles sont entachées d'erreurs. «Tous les principes justes que les philosophes et les législateurs ont découverts et formulés, ils les

doivent à ce qu'ils ont trouvé et contemplé du Logos. C'est pour
n'avoir pas connu tout le Logos, qui est le Christ, qu'ils se sont
souvent contredits eux-mêmes» (*Apol.* II, 10). Soulignons dans ce
dernier passage: les philosophes et les législateurs.

   *Troisième forme théologique de médiation: une illumination
intérieure.* Le raisonnement des théologiens est le suivant.
Puisque la Providence veut le salut et la sanctification de tous et
que, pour cela, il faut accuellir et appliquer le message révélé,
ceux qui n'ont pu en recevoir l'annonce par prédication jouiront
néanmoins d'une aide (*opitulatio*) suffisante, par exemple une
illumination intérieure. «Cette assistance (*opitulatio*) divine, écrit
l'auteur du *De vocatione omnium gentium*, s'exerçant d'innom-
brables manières, manifestes ou occultes, est offerte à tous».[35] Le
moyen âge reprend ces idées. «En ce qui concerne les bons philosophes, écrit Alexandre de Halès, je crois que la révélation leur a
été procurée, soit par la Sainte Écriture qui existait chez les Juifs,
soit par une prophétie ou une inspiration intérieure, comme cela a
eu lieu pour Job et ses amis... On peut en dire autant des autres
païens, peu instruits».[36] De son côté, saint Thomas d'Aquin écrit
que Dieu «per internam revelationem revelaret ea quae sunt ad
credendum necessaria», précisant que «multis gentilium facta fuit
revelatio de Christo».[37] Depuis, les auteurs ont communément
repris cette théorie. Faut-il ajouter que, pour eux, la foi est la foi
qui sauve et qui sanctifie?

   Quatrième médiation: la «conscience». Le terme et le contenu
ont une histoire longue, et combien broussailleuse. Le commentaire de la seule Épître aux Romains sur ce sujet occuperait un
volume. Mgr Ph. Delhaye a écrit sur la conscience un essai qui est
devenu un classique. [38] Par conscience «habituelle», dit-il, la sco-
lastique entend «l'habitus des premiers principes de l'ordre pratique. La raison pratique s'enquiert de ce qu'elle doit faire et juge
les actions du passé. Pour cela, il lui faut partir de principes premiers, indiscutables. C'est la conscience habituelle qui les lui
fournit» (p. 95). Il y a ensuite la conscience «actuelle». En un
certain sens, la conscience est un «acte» (p. 135): c'est le jugement de conscience. Et l'on se demande alors si cet acte oblige,

s'il est une norme prochaine sûre d'action. Sur ce sujet considérable, nous nous contentons ici de rappeler un passage de la Déclaration *Dignitatis humanae* du Concile du Vatican II: «C'est par sa conscience que l'homme perçoit et reconnaît les injonctions de la loi divine; c'est elle qu'il est tenu de suivre fidèlement en toutes ses activités, pour parvenir à sa fin qui est Dieu» (n° 3). Le salut et la sainteté en germe en sont le fruit.

Quelles conclusions tirez-vous de cet aperçu?

Précisément, c'est de constater que quatre relais de l'œuvre sanctificatrice de Dieu sont «individuels»! Ils peuvent certes sanctifier les chrétiens, les membres de la communauté ecclésiale. Mais ils peuvent également atteindre toute personne bien disposée en son fond, en dehors de la communauté ecclésiale. Ils ont pu advenir sur toute la planète dès les origines de l'humanité. Dans le concret, ces médiations «individuelles» furent à la fois humaines et religieuses. Mais déjà l'on déborde considérablement le domaine des médiations «religieuses-ecclésiales».

Et cet élargissement des perspectives se manifestera tout aussi clairement dans les pages qui suivent, où seront rappelées deux médiations «collectives».

Venons-en par conséquent aux «médiations» de sanctification que l'on peut nommer «collectives».

Je voudrais en évoquer deux: d'abord les «alliances», ensuite les «cultures».

Première forme de médiation collective: l'Alliance de Dieu avec l'humanité. Les diverses alliances ponctuent l'histoire du salut et de la sanctification de l'humanité. Chacune des alliances comporte quelques éléments caractéristiques et fondamentaux, qui revêtiront, en leur temps, une physionomie spécifique. Chaque fois, Dieu entre en communication avec ses créatures. Il leur parle, explique et propose un geste ou un commandement. La créature doit se conformer à la volonté de Dieu, et elle le manifeste dans un sacrifice, un rite. En cas de désobéissance, Dieu la punit ou la punira.

D'après plusieurs exégètes, on peut parler d'une alliance avec Adam. On trouve en effet dans le récit de la Genèse tous les éléments constitutifs d'une alliance. Mais il y a surtout l'alliance avec Noé, dont la portée universaliste est impressionnante. Avec Noé commence une alliance divine qui marque «la fin des choses passées et le principe des choses à venir». Avec lui est inauguré un monde nouveau, «le commencement d'une nouvelle genèse», dit Cyrille de Jérusalem. Et même, peut-on dire, avec Noé le monde recommence tout simplement. Désormais, «aucune créature ne sera plus détruite par les eaux du déluge, et il n'y aura plus de déluge pour désoler la terre» (Gen 9,11).[39] L'ordre cosmique n'est plus mis en question par le péché. Tout ceci concerne l'humanité entière et la concernera jusqu'à la fin des temps.

À propos des «Nations», le *Catéchisme de l'Église catholique* (n. 58) s'exprime comme suit: «L'alliance avec Noé est en vigueur tant que dure le temps des nations, jusqu'à la proclamation universelle de l'Évangile. La Bible vénère quelques grandes figures des 'nations', tels qu' 'Abel le juste', le roi-prophète Melchisédech, figure du Christ, ou les justes 'Noé, Daniel et Job' (Ez 14, 14). Ainsi, l'Écriture exprime quelle hauteur de sainteté peuvent atteindre ceux qui vivent selon l'alliance de Noé».

On connaît mieux les autres alliances de Dieu avec Israël, puis avec l'Église, en laquelle Dieu accomplit de manière plénière et définitive les promesses faites dans les alliances anciennes. Ce n'est pas ici le lieu de les décrire.

Deuxième forme de médiation collective: les cultures.

On pourrait d'abord relire, à propos des médiations en général, *Lumen gentium*, 17 et *Ad Gentes*, 9. On y rencontre le terme culture: *et culturis*. On entend ici un ensemble de valeurs, un groupe de références, un faisceau de préceptes, un choix de modèles et de conceptions relatives à la vie, à l'amour, à la famille, au travail, aux biens, aux croyances, aux cultes. Bref, une «façon particulière que l'on a de se servir des choses, de travailler, de s'exprimer, de pratiquer sa religion, de se conduire, de légiférer, d'établir des institutions juridiques, d'enrichir les sciences et les arts et de cultiver le beau» (*Gaudium et spes*, 53). Par leur incarnation sociale, les cultures se présentent comme un modèle global, comme un cadre obligatoire qui façonne la personnalité d'un chacun et dessine à l'avance le schéma de vie dans lequel toute existence concrète prendra forme effectivement.[40] On comprend que les documents conciliaires s'intéressent aussi à leur efficience, à leur impact sur la sanctification et le salut des personnes, voire sur l'honnêteté des institutions culturelles.

Certes, ces cultures sont en grande partie d'ordre «religieux»; mais Dieu n'œuvrerait-il pas également par celles qui sont «séculières»?

Dans les temps anciens, et en maintes régions jusqu'à aujourd'hui, les cultures séculières sont perçues et vécues en conjonction avec les réalités religieuses, si bien que les réflexions les concernant se trouvent imbriquées dans des discours d'ordre religieux, voire sacré. Cependant, le «Rendez à Dieu, ce qui est à Dieu, et à César ce qui est à César» a acquis une forme structurelle au cours de ces derniers siècles, en Occident et en Europe. Et les discours ont intégré progressivement cette dualité d'ordre terrestre.

«Dieu est présent dans les cultures humaines, disait Jean-Paul II, parce qu'Il est présent dans l'homme, dans l'homme qui a été créé à son image et qui est l'artisan des cultures. Dieu est présent dans les cultures de l'Inde. Il a été présent en toutes les personnes qui, par leurs expériences et leurs inspirations, ont contribué à la formation de ces valeurs, coutumes, institutions et arts que comprend l'héritage de cet ancien pays».[41]

Quelles conclusions tirez-vous de la vie et de l'action des médiations «collectives» de sanctification?

À propos des «alliances», tout d'abord. Ces médiations sont d'ordre religieux, certes, mais non «religieuses-ecclésiales». La perspective est planétaire. Elle concerne tous les êtres humains, depuis les origines, depuis Noé si l'on préfère. Et n'est-il pas désirable que les chrétiens donnent à leur foi, à leurs croyances, l'ampleur des activités divines sanctificatrices signifiées par des «alliances»?

Les «cultures», quant à elles, font percevoir également le caractère planétaire de l'activité sanctificatrice de Dieu. Mais, de plus, et ceci nous concerne expressément, les «cultures» comportent des médiations «profanes» et «séculières» aussi bien que des médiations «religieuses. Ici, le «siècle» est reconnu directement, pour lui-même, comme relais de l'activité sanctificatrice de Dieu.

En fin de compte, il faudrait que les chrétiens opèrent une mise au point sérieuse de leur foi, de leurs croyances en adoptant, avec joie et émerveillement, l'ampleur planétaire de l'œuvre divine, au delà, mais tout en les accueillant avec reconnaissance, des médiations «religieuses-ecclésiales», auxquelles nous devons tant![42]

En fait, les ouvrages de théologie ou de spiritualité que lisent les chrétiens désireux de progrès sont élaborés couramment de façon «ecclésiocentrique». Médiation «par excellence», médiation «complète» de l'œuvre divine salvifique, l'Église catholique est placée au centre. Les autres médiations l'entourent, mais de plus en plus loin, au fur et à mesure que diminue la ressemblance concrète et historique avec ce centre ecclésial. La perspective des cercles concentriques est connue. Il est d'ailleurs parfaitement légitime d'élaborer une théologie de ce genre, puisque, pour nous, l'Église catholique constitue l'idéal complet et par excellence de l'institution de salut que Jésus-Christ a voulu instaurer en ce monde.

Toutefois, le théologien peut aussi se mettre du point de vue de l'œuvre que Dieu accomplit réellement par *toutes* les médiations humaines porteuses de salut et de grâce. À ce moment, d'autres perspectives s'ouvrent, celles d'un universalisme qui ne prend pas pour centre de référence une des médiations, quelle que soit sa précellence, mais l'*agir divin lui-même* à travers toutes les médiations qui l'incarnent. Un travail ainsi élaboré reprend les mêmes données que celles des exposés ecclésiocentriques; mais il se veut plus théocentrique, en ce sens précis et limité. Il veut établir le relevé planétaire des «fructifications» de l'Esprit, décrire l'effectuation universelle du salut «intégral», proclamer les réalisations mondiales de l'œuvre de l'Agapè divine.

Cette fois, il s'agirait plutôt de passer d'un universalisme théologique «ecclésiocentrique», peu disert sur les médiations autres que celle du ministère ecclésiastique, à un universalisme théologique «théocentrique», accordant la place qui leur revient à toutes les médiations salvifiques de notre univers, de notre planète. Ici, le terme «planétaire» est plus justifié, et lui seul sans doute constituera un bon «clignotant» pour alerter les lecteurs chrétiens.

Cette mise au point une fois accomplie, leur vie intérieure elle-même, leur foi, leur espérance, leur charité acquerront cette dimension divine planétaire qui leur fait atteindre *toutes* les réalités de ce monde, et donc aussi le «siècle», le «profane», l'«humain comme tel».

Et comment, bien qu'il ait été beaucoup question de la charité dans ce livre, comment ne pas vous demander d'en illustrer, de manière plus aiguë si l'on peut dire, le caractère «planétaire»? Et en soulignant les conséquences «séculières».

Aimer Dieu, tout d'abord. Non seulement agir *pour* Dieu, ni seulement offrir toute son activité *à* Dieu, mais aimer Dieu. Dieu certes est la source de toute existence, il est le principe suprême de toute démarche; mais il doit être aussi le terme, si l'on peut s'exprimer ainsi, de notre dilection. Cette rencontre aimante, «directe», n'est pas le monopole des contemplatifs. Elle est la loi fondamentale, la charte de tout disciple du Christ. «Tu aimeras le Seigneur ton Dieu de tout ton cœur, de toute ton âme et de toutes tes forces».

Dans la même charité théologale, il nous faut également aimer les autres, et toutes les créatures. On peut parler de charité théologale, en effet, lorsque celui qui aime est et «demeure dans la charité» ou, si l'on préfère, participe à l'agapè divine elle-même. En ce cas, son acte de dilection, tout en étant un acte «humain», est en même temps «déiforme», c'est-à-dire animé, transfiguré par l'agapè divine. La charité théologale, qui me constitue «déiforme» dans mon être, rend également «déiformes» mon regard et mes gestes. Le terme de ma dilection est alors perçu comme Dieu le voit, «avec les yeux de Dieu». Et «voir avec les yeux de Dieu», ce n'est pas voir autre chose que l'être que nous aimons, c'est regarder cet être lui-même, tel qu'il existe concrètement —

matière, corps et âme — mais dans la signification qu'il a pour Dieu. Le regard de foi requis pour que la charité soit théologale n'implique pas que l'on voie autre chose que le prochain ou ce monde, mais ce prochain et ce monde sont perçus autrement.

L'on peut donc, dans la charité «théologale», aimer réellement le prochain: mari, femme, enfants, amis, hommes et femmes dans ce monde. Aimer le prochain, totalement, et pas seulement l'âme du prochain; car on peut soigner le corps de malheureux dans un acte de très pure charité théologale, comme on peut s'intéresser à l'âme du prochain dans un geste de qualité théologale imparfaite. Aimer le prochain, pour lui-même, et non en tant qu'il peut être un «moyen» de faire son salut ou de «gagner des mérites»; car l'agapè de Dieu se porte vraiment vers la créature, dans toute sa valeur de créature et d'enfant de Dieu.

Le problème véritable n'est donc pas d'aimer autre chose que le prochain concret qui nous entoure, mais c'est de l'aimer théologalement, divinement, «comme le Christ nous a aimés». Amour généreux, comme celui de Dieu, qui s'étend à tous comme le soleil luit sur les bons et sur les méchants. Amour hiérarchisé et purifié, comme il l'était au cœur de Jésus de Nazareth, qui aimait ses disciples, qui aimait Lazare, Marthe et Marie. Amour transfiguré de l'intérieur, comme devait l'être la dilection d'un Homme-Dieu. Là gît le difficile challenge de la spiritualité chrétienne, car la stabilité parfaite n'est pas l'apanage de ceux qui cheminent encore ici-bas.[43]

Une foi d'«ampleur» planétaire, dites-vous?

Bien sûr, et même très fermement!

L'acte de *foi* est une efflorescence de notre participation à la vie divine. Unis à Dieu, «insérés», oserait-on dire, dans la connaissance divine elle-même — *ita innixi divina cognitione* — nous pouvons percevoir les réalités et leur signification totale, comme «avec l'œil même de Dieu», *tamquam in oculo Dei*.

Ce réel, c'est Dieu lui-même. Non pas une idée de Dieu, ni une figure biblique, mais Dieu, Lui-même. L'acte du croyant, écrit saint Thomas, ne se termine pas à la vérité énoncée, mais à la réalité signifiée. «Actus credentis non terminatur ad enuntiabile, sed ad rem. Non enim formamus enuntiabilia, nisi ut per ea de rebus cognitionem habeamus, sicut in scientia, ita et in fide».[44] Aujourd'hui, en ce siècle de «réalisme», il serait regrettable que la foi des chrétiens ne soit pas fixée fermement sur la réalité divine, sur les Personnes divines, le Père, le Fils et l'Esprit.

Mais c'est «voir» aussi — avec Dieu, et en Lui — tout le réel, comme Dieu le voit. En d'autres termes, l'objet de la foi théologale, c'est également toute l'histoire providentielle de notre monde, avec ses réalités terrestres: l'épopée fantastique qui a commencé avec la création du monde et avec les premiers gestes de nos ancêtres anthropoïdes; les élans, les détours et les convulsions de notre monde tendu vers un destin que le Seigneur a voulu maintenir dans le mystère; le cosmos aux perspectives inouïes, aujourd'hui seulement pressenties, et qui attend avec impatience l'adoption définitive des enfants de Dieu; la «nouvelle terre» évoquée dans les Livres apocalyptiques, avec la Jérusalem céleste, merveilleuse, universelle, resplendissante de la gloire dont rayonne le Verbe de Dieu.

Bien imparfaite serait la «vie de foi» d'un chrétien, si elle n'incluait pas cette vision toute théologale. D'où l'importance d'une saine théologie des réalités terrestres: celle-ci peut réellement nourrir un aspect de la vie de foi théologale, en disant ce que représentent aux yeux de Dieu les choses créées les plus exquises, le labeur quotidien, les arts, le progrès, les loisirs.

Et combien pauvre serait la «vie de foi» d'un chrétien, dont l'idéal se bornerait à «être disposé à croire tout ce que la sainte Église propose à croire»! Comment la «foi chrétienne», ainsi conçue, pourrait-elle réellement exercer une vive influence sur ses idées, sur sa conception de la vie et du monde, sur ses actes et sur l'orientation de son existence ici-bas?

Pourriez-vous également nous faire percevoir l'aspect «planétaire» de l'espérance chrétienne?

Très volontiers. Certes, il serait outrancier de prétendre, avec tel prédicateur, que les chrétiens, dans l'ensemble, n'espèrent pas!

Du moins pourrait-on leur demander de «mettre au point» cette vive espérance qu'ils portent en leur cœur.

L'espérance, tout d'abord, c'est espérer Dieu, le Christ, la vie éternelle. Espérons-nous ainsi? Car l'espérance est accompagnée d'attente un peu anxieuse, d'attention maintenue en éveil, d'attrait et de pressentiment. Est-ce ainsi que nous attendons le Seigneur, la Parousie?

Certes, la manière de décrire Dieu et le ciel peut être en partie responsable de cette relative inappétence concernant les réalités célestes. Un ciel dont on proclame qu'il est mystère, mais dont on élimine de fait toute image de créativité. Un ciel dont l'union avec Dieu est resserrée indûment dans l'expression «vision» béatifique, ce qui n'évoque qu'incomplètement la «pleine» béatitude promise à un être humain tel que l'anthropologie actuelle le décrit. Dieu étant ce qu'il est, le ciel sera certainement «béatitude», accomplissement et joie immense, pour l'être humain corps et âme, esprit incarné. Peut-être deviendrait-il alors plus aisé d'espérer ce Dieu, cette Parousie...

Mais l'espérance théologale se porte également vers l'univers humain, vers ce monde-ci, dans sa totalité. Nous attendons le Seigneur et, avec Lui, et en Lui, la création renouvelée. Depuis l'Incarnation, il est devenu impossible, et irréel, d'attendre le Christ Seigneur, sans attendre en même temps son Royaume. Le chrétien attend l'établissement de la Seigneurie du Sauveur: non seulement sa réalisation définitive dans la «terre nouvelle», mais aussi sa préfiguration temporelle et ses reflets mystérieux pendant le temps de l'Église. Le chrétien qui s'imaginerait «espérer» et qui ne percevrait point, dans l'histoire des civilisations, cette marche en avant, laborieuse mais ferme, vers «le temps où toutes choses seront renouvelées» (Actes 3,21), serait privé d'un aspect très prégnant de l'espérance théologale. Et il perdrait le plus foncier ressort de son action ici-bas, celui de l'espérance.

Et c'est toujours dans l'espérance théologale qu'il nous faut attendre de Dieu tous les moyens du salut et de la sainteté. Tous les moyens. La grâce du Seigneur, son aide, sans lesquelles rien ne peut être édifié avec une valeur d'éternité. Mais aussi le pain

qui doit sustenter les enfants de Dieu. Et le travail qui constitue le
tissu même de leur existence actuelle. Et le toit qui leur sert d'abri
et de protection. Et les mille et une choses matérielles qui condi-
tionnent toute l'existence. Qu'ils soient matériels ou spirituels,
tous ces biens accompagnent notre cheminement vers la Cité de
Dieu.

CONCLUSION

Celui qui réfléchit à ce que requiert la sanctification des chrétiens «dans et par le siècle» trouvera, je l'espère, dans cette plaquette un certain nombre d'indications utiles et susceptibles d'un déploiement plus systématique. Certes, la sanctification par le relais des moyens «profanes», «humains comme tels» n'est pas le tout d'une spiritualité chrétienne. Et l'invitation à mettre à profit largement et fructueusement les moyens «religieux-ecclésiaux» demeure fondamentale, majeure. Sur ceux-ci, les ouvrages de spiritualité chrétienne et la prédication des pasteurs de l'Église nous renseignent abondamment. Tandis que, lorsque sont évoqués les moyens de sanctification «profanes», «humains comme tels», les exposés demeurent globaux, allusifs. Sauf, depuis peu, en ce qui concerne la vie conjugale et familiale.

Or, ce que la spiritualité chrétienne doit présenter aux fidèles, c'est l'ensemble, la totalité des moyens de sanctification, grâce auxquels ils pourront répondre de plus en plus au dessein éternel de Dieu pour nous: être et vivre à son image et à sa ressemblance. Sans doute, les moyens de sanctification «religieux-ecclésiaux» répondent à ce vœu de façon privilégiée, mais pas complètement. Cette louange «spirituelle» — dans et selon l'Esprit — que le Seigneur attend des chrétiens, n'est-elle pas *coextensive* à tous les domaines de la vie, à savoir; «les prières et les entreprises apostoliques» certes, mais également «leur vie conjugale et familiale, leurs labeurs quotidiens, leurs détentes d'esprit et de corps, et même les épreuves de la vie, pourvu qu'elles soient patiemment supportées» (*Lumen gentium*, 34)? Ainsi seulement est respectée l'ampleur de l'œuvre sanctificatrice de Dieu, laquelle est «planétaire» et non seulement «ecclésiale».

Puisse cette plaquette aider à y répondre mieux!

NOTES

¹ Pour s'en rendre compte sans multiples recherches, il suffit de lire le chapitre V de la Constitution dogmatique *Lumen gentium*, nn. 39 à 42.

² GRATIEN, *Decretum, Causa XII*, qu. 1, can. 7; éd. Venise, 1615, t. 1, p. 905-906. Sur l'histoire de ce thème depuis les temps apostoliques jusqu'à nos jours: Y. CONGAR, art. *Laïc et Laïcat* dans le *Dictionnaire de spiritualité* (éd. Beauchesne), t. 9, col. 79-108. L'article a été reproduit en une petite plaquette de 70 p. aux éd. Beauchesne.

³ *Introduction à la vie dévote*, L. 1, chap. 3. Sur cette époque, voir H. BREMOND, *Histoire littéraire du sentiment religieux en France*, t. 1, notamment p. 19.

⁴ Encyclique *Rerum omnium*, 26 janvier 1923, dans *Acta Apost. Sedis*, t. 15, 1923, p. 50 et 59.

⁵ Ce thème est développé dans la Constitution dogmatique *Lumen gentium*, au n. 42.

⁶ Les modèles de sainteté sont aussi variés que les modèles de vie «chrétienne». La variété de ces modèles éclate lorsque l'on parcourt la liste des saints canonisés. Sur ce thème voir, par exemple, la revue *Concilium*, n. 149 de l'éd. franç., 1979, 118 p.

⁷ À lire, le commentaire du chapitre V de *Lumen gentium* que donne Mgr G. Philips dans *l'Eglise et son mystère au deuxième Concile du Vatican*, tome II, Desclée, 1968, p. 71-116 (avec quelques mises au point non dénuées d'intérêt).

⁸ *Introduction à la vie dévote*, L. III, c. 3.

⁹ Dans G. THILS - K. Vl. TRUHLAR, *Laïcat et sainteté. II. Sainteté et vie dans le siècle*, Rome Herder, 1965, p. 142 et p. 177.

¹⁰ G. THILS - K. Vl. TRUHLAR, *Ibid.*, p. 167-187, avec pagination des citations dans le texte.

¹¹ S. THOMAS D'AQUIN, *In II Sent.*, dist. 38, qu. 1, art. 2. On pourrait, à cette occasion, revoir la façon dont on comprend les relations «nature-grâce». Sur les rapports entre la foi et les cultures, la *Commission théologique internationale* précise: «La grâce respecte la nature, elle la guérit des blessures du péché et elle l'élève. La surélévation à la vie divine est la finalité spécifique de la grâce, mais elle ne peut se réaliser sans que la nature ne soit guérie et sans que l'élévation à l'ordre surnaturel ne porte la nature, *dans sa ligne propre*, à une plénitude de perfection» (Voir la *Documentation catholique*, n° 1980, 1989, p. 281-289; cit. p. 283). Au cours du Congrès de la *Société internationale S. Thomas d'Aquin*, le 24 septembre 1991, le cardinal J. Hamer a insisté sur l'exacte portée du principe thomiste «Gratia non tollit, sed perficit naturam». Et voici comment il l'explique: «la lumière de la foi avec les dons de sagesse, d'intelligence, de science et de prudence, nous fera mieux apercevoir les propriétés de la nature humaine, quelle est

la dignité qui lui vient d'avoir été créée à l'image de Dieu, capable de le connaître, de l'aimer, et d'acquérir la maîtrise sur ses actes et sur le monde, dans une participation active à la liberté créatrice et au gouvernement divin» (*L'Osserv. Romano*, éd. franç., 8 octobre 1991, p. 7). La grâce ne se «substitue» pas à la nature. C'est la nature humaine, la personne humaine, avec toutes leurs facultés naturelles, mais purifiées, transfigurées, devenues déiformes, que seront les élus dans le Royaume de Dieu.

[12] G. MARTELET, *L'Église et le temporel. Vers une nouvelle conception,* dans *Vatican II. L'Église de Vatican II*, t. 2 (*Unam Sanctam*, 51b), Cerf, 1966, p. 517-539. Pagination des citations dans le texte.

[13] Dans *Encyclopaedia Universalis*, t. 11, p. 139-141. Considérable est la littérature philosophique sur le sujet de la modernité et de la post-modernité; et ce n'est pas mon domaine. Voici cependant quelques titres. Dans *Les cahiers de philosophie*, n° 5, Printemps, 1988, Jean-François Lyotard présente, sous le titre *«Réécrire la modernité»* une série d'articles de diverses tendances; J. HABERMAS, *Le discours philosophique de la modernité*, Gallimard, 1988 (douze conférences). Plus proche: P. VALADIER, *L'Église en procès. Catholicisme et société moderne*, Calmann-Lévy, 1987, 241 p. (crépuscule ou aurore, problèmes d'avenir).

[14] Voir l'article (non signé) intitulé *Jozef Ratzinger au secours de Vatican II*, dans la revue *Forts dans la foi*, n° 23, p. 6-14. Également Mgr LEFEBVRE, *L'Église après le Synode*, Éd. Fratern. intern. Pie X, 24 p.

[15] *Histoire de l'Église depuis les origines jusqu'à nos jours*, Paris, Bloud et Gay, 26 vol. Dans le texte est indiquée la référence au tome et à la page.

[16] Concernant les écrits des Papes Adrien VI et Paul III et du cardinal R. Pole, voir K. BLOCKX, «*Si quae culpa...*», dans *Ephem. Theol. Lovanienses*, t. 40, 1964, p. 474-490. On y trouvera quelques larges extraits ainsi que les sources anciennes auxquelles on doit se référer.

[17] Dans la revue *Esprit*, 1986, n. 4-5, p. 8.

[18] Dans l'article *Religion. 5. La sécularisation*, t. 14, p. 16-18. De nombreux articles rencontrent ce sujet. Mais, pour nous, il convient avant tout d'être attentif au sens qui est donné à ce terme, et de rechercher ensuite les écrits qui répondent au sens adopté. Exemple: sécularisation peut signifier l'aboutissement d'une équitable autonomie en divers secteurs de la vie séculière, mais elle peut signifier aussi le refus de reconnaître en ces réalités ou institutions une certaine Transcendance. Lire: Chr. DUQUOC, *Ambiguïté des théologies de la sécularisation*, Gembloux, Duculot, 1972, 152 p.

[19] Voir la *Documentation catholique*, n° 1906, 1985, p. 1084; aussi *L'Osserv. Romano* du 12 octobre, texte italien.

[20] Dans *Encyclopaedia Universalis*, art. *Déchristianisation*, t. 5, p; 16-18. La bibliographie de ce thème est diverse, car le terme peut revêtir au moins cinq significations, tandis que son interprétation peut être parfois négative, parfois positive.

[21] Dans la *Documentation catholique*, n° 1888, 1985, p. 120.

[22] Voir J. LADRIÈRE, *Les enjeux de la rationalité*, Paris, Aubier-Montaigne, 1977, 223 p.

[23] Voir *L'Osserv. Romano* du 15 mai 1986 et la *Documentation catholique*, n° 1921, 1986, p. 643. Voir aussi: L. HAMAIN, *Morale chrétienne et réalité ter-*

restres. Une réponse de saint Thomas: «la béatitude imparfaite», dans *Rech. Théol. Anc. et Médiévale*, t. 35, 1968, p. 134-176 et 260-290.

[24] Caractéristiques à cet égard sont les écrits de J. Fuchs. Ainsi: J. FUCHS, *Existe-t-il une «morale chrétienne»?*, Gembloux, Duculot, 1973, 146 p.

[25] Mgr Ph. Delhaye a publié de nombreux articles sur le sujet. Nous nous référons ici à Ph. DELHAYE, *La mise en cause de la spécificité de la morale chrétienne*, dans la *Rev. Théol. Louvain*, t. 4, 1973, p. 308-339. Pagination des citations dans le texte.

[26] Dans le *De mundi creatione oratio 1*, dans la *Patrol. Graeca*, t. 56, c. 436.

[27] Texte de l'encyclique dans la *Documentation catholique*, n° 1815, 1981, p. 835-856; cit. p. 852-853.

[28] Voir l'art. *Mariage*, dans le *Dict. Théol. Cathol.*, t. 9, c. 2177.

[29] Voir E.-B. ALLO, *Saint Paul. Première Épître aux Corinthiens*, 2me éd., Paris, Gabalda, 1935, p. 179-180.

[30] Dans *Instruction sur la liberté chrétienne et la libération, § 80* (22 mars 1986). Texte dans la *Documentation catholique*, n° 1916, 1986, p. 406.

[31] Dans *Instruction sur quelques aspects de la théologie de la libération, VII, 3* (6 août 1984). Voir la *Documentation catholique*, n° 1881, 1984, p. 894.

[32] Voir la Lettre Apostolique *Octogesima adveniens, 50* (14 mai 1971). Texte dans la *Documentation catholique*, n° 1587, 1971, p. 513.

[33] Voir Card. L. J. SUENENS, *Une nouvelle Pentecôte?*, Paris, Desclée De Brouwer, 1974, 271 p.; cit. p. 196-197.

[34] Voir D. BOURGEOIS, *La sagesse des anciens dans le mystère du Verbe*, Paris, Téqui, 1981, 106 p. Pour l'ensemble de la question: G. THILS, *Présence et salut de Dieu chez les non-chrétiens*, Louvain-la-Neuve, E. Peeters, 1987, 115 p.

[35] Dans *De vocatione omnium gentium, L. II, c. 36*, dans *Patrol. lat.*, t. 51, c. 711.

[36] ALEXANDE DE HALÈS, *Summa Theol., IIIa, qu. 69, a. 3, § Sequitur secunda Pars*, Venise, 1575, fol. 202 (d'après le *Dict. Théol. Cathol.*, t. 7, c. 1850).

[37] S. THOMAS d'AQUIN, *De veritate*, qu.14, a. 11, ad 1m ainsi que *Summa Theol.*, IIa IIae, qu. 2, a. 7, ad 3m.

[38] Ph. DELHAYE, *La conscience morale du chrétien*, Desclée, 1964, 250 p. Pagination des citations dans le texte.

[39] S. CYRILLE DE JÉRUSALEM, *Catéchèses XVII*, dans *Patrol. Graeca*, t. 33, c. 982.

[40] Sur la conception moderne de la culture, voir la Constitution pastorale *Gaudium et spes* du Concile Vatican II, aux nn. 53 à 62, ainsi que les commentaires qui en ont été donnés, notamment: A. DONDEYNE, *L'essor de la culture*, dans *Vatican II. L'Église dans le monde de ce temps*, tome II (*Unam Sanctam*, 65b), Cerf, 1967, p. 455-481. Sur la rencontre de la foi et des cultures, H. BOURGEOIS, *Foi et cultures. Quelles manières de vivre et de croire aujourd'hui*, Paris, Centurion, 1991, 151 p. (avec indications d'ordre bibliographique, p. 142-148). G. DEFOIS, *Pour une éthique de la culture*, Paris, Centurion, 1988, 132 p. (un nouvel humanisme, après la sécularisation, dans les remous des modernités et des traditions). J. STOETZEL, *Les valeurs du temps présent. Une enquête européenne*, Paris, P.U.F., 1983, 309 p. (la morale, la politique, la religion, la famille, le travail, les autres, les conditions objectives, l'Europe).

[41] Voir *L'Osserv. Romano*, éd. hebd. franç., 11 février 1986, p. 1.

[42] Voir un état de la question d'ensemble de ce thème dans G. THILS, *Pour une théologie de structure planétaire*, Louvain-la-Neuve, E. Peeters, 1983, 80 p.

[43] Sur la charité en Dieu, voir H.U. VON BALTHASAR, *L'engagement de Dieu*, Paris, Desclée, 1990, 144 p. Également A. RIZZI, *Dieu cherche l'homme*, Paris, Centurion, 1989, 150 p. (perspective trop raide, mais appelle la réflexion; voir compte rendu dans *Rev. Théol.Louvain*, 1990, p. 222-225).

[44] *Somme théologique*, IIa IIae, qu. 1, art. 2, ad 2m.

TABLE DES MATIÈRES

Imprimatur:
Mechliniae, die 8 Junii 1993
E. Goffinet, vic. gen.

IMPRIMERIE ORIENTALISTE, KLEIN DALENSTRAAT 42, 3020 WINKSELE-HERENT